U0804631

丛书编委会

编委会主任：左　军

主　　　编：杨　钊　马利明　王杨宝

副　主　编：郭光华　毛洪峰

编委会成员：王森林　严光星　姚发国　雷　鸣　张文阁
冯德胜　马玉芳　张　武　马金明　马家斌
陈兴和　李国龙　马玉山　朱　伟　李兵琴
王　瑛　刘明钊　狄国忠　张廷辰　阮彩云
周晓军

职工维权与工会作用

周晓军 编著

黄河出版传媒集团
阳光出版社

图书在版编目(CIP)数据

职工维权与工会作用 / 周晓军编著. — 银川：阳光出版社，2014.7
(职工培训丛书)
ISBN 978-7-5525-1381-3

Ⅰ.①职… Ⅱ.①周… Ⅲ.①劳动法 — 中国 — 职工培训 — 教材②工会工作 — 中国 — 职工培训 — 教材 Ⅳ.①D922.5②D412.6

中国版本图书馆 CIP 数据核字(2014)第 162303 号

职工维权与工会作用 周晓军 编著

责任编辑 李少敏
封面设计 李巧娜
责任印制 岳建宁

黄河出版传媒集团
阳 光 出 版 社 出版发行

地 址 宁夏银川市北京东路 139 号出版大厦(750001)
网 址 http://www.yrpubm.com
网上书店 http://www.hh-book.com
电子信箱 yangguang@yrpubm.com
邮购电话 0951-5045842
经 销 全国新华书店
印刷装订 宁夏飞马彩色印务有限公司
印刷委托书号 (宁)0000123

开 本 880mm×1230mm 1/32
印 张 7
字 数 140 千字
版 次 2014 年 12 月第 1 版
印 次 2014 年 12 月第 1 次印刷
书 号 ISBN 978-7-5525-1381-3/G·1427

定 价 20.00 元

版权所有 翻印必究

前言

目前，在社会转型期，随着社会经济关系发生深刻变化，劳动关系日益复杂多样，劳动争议案件数量居高不下，维权的社会需求十分强烈。因此，坚持以职工为本，主动依法科学维权，大力发展和谐劳动关系，切实维护好、发展好、实现好广大职工的合法权益，是推进社会主义和谐社会建设的重要组成部分，也是充分发挥各级工会重要作用的必然要求。

工会维权体现了发展社会主义市场经济对工会工作的新要求，是工会维权之路的行动纲领，加深理解科学维权的深刻内涵并全面把握其实践要求，不断提高思想上的自觉性和工作上的主动性、创造性，既是工会组织推动理论与实践创新面临的重大问题，也是各级工会组织必须担负起的重要任务。从这个意义上来说，工会组织一定要坚持“组织起来，切实维权”的工作方针，深入贯彻“以职工为本，主动依法科学维权”的中国特色社会主义工会维权观，切实加大对职工维权的工作力度。

为此，本书以职工维权与工会作用为主要内容，分别从职工权利大如天、为职工撑腰，为职工解难、以职工为本，主动依法科学维权、工会工作必须与时俱进地创新、让工会维权看得见、担当起职工利益代表者的角色、为职工维权理直气壮、跃上“依法维权”的新起点、让农民工维权有保障、职工维权须理性合法等十个方面全面深入地阐述了新时期职工维权的相关内容，主要目的是为职工培训教育提供具有一定权威性、可读性的资料，以期对新时期的职工培训教育工作起到一定的帮助和借鉴作用。

目录

CONTENTS

第一章 职工权利大如天——职工拥有广泛的权利

作为国家根本大法的《宪法》赋予了我国公民享有政治、经济、文化、社会等一系列权利。为了保护劳动者的合法权益，调整劳动关系，建立和维护适应社会主义市场经济的劳动制度，促进经济发展和社会进步，根据《宪法》，制定了《劳动法》。《劳动法》规定了劳动者应该享有的各项权利。作为企业的职工，享有《宪法》和《劳动法》规定的一系列权利。

我国宪法是国家根本大法，是法律中最高的法律，规定了每个公民享有的基本权利和义务。《中华人民共和国宪法》（以下简称《宪法》）规定“中华人民共和国公民有劳动的权利和义务。”可见，作为一个公民，既有劳动的权利，同时也有劳动的义务。另外，《中华人民共和国劳动法》（以下简称《劳动法》）也明确规定：“劳动者享有平等就业和选择职业的权利、取得劳动报酬的权利、休息休假的权利、获得劳动安全卫生保护的权利、接受职业技能培训的权利、享受社会保险和福利的权利、提请劳动争议处理的权利以及法律规定的其他劳动权利。”作为企业职工，应该知道自己享有《宪法》和《劳动法》规定的许多权利。

平等就业的权利

平等就业的权利就是指具有劳动能力的公民，有获得职业的权利。劳动是人们生活的第一个基本条件，是创造物质财富和精神财富的动力源泉。平等就业的权利是公民享有其他各项权利的前提和基础。如果公民的平等就业权都不能得到很好地保障和实现，那么其他一切权利也就失去了存在的基础和意义。

尽管《劳动法》第三条规定：“劳动者享有平等就业和选择职业的权利。”然而，现实生活中却有一些用人单位基于种种原因，对劳动者实行就业歧视。对此，许多人往往保持一种沉默的态度。其实，劳动者只有积极依法维权，才能减少侵权现象的发生。因为侵犯平等就业权，劳动者就有权利提起诉讼。例如，2009年1月，罗曼与公司签订了一份为期一年的劳动合同，约定罗曼担任公司的业务员，离职后3年内，不得到与公司有竞争关系的单位就职或从事与公司同类产品的销售工作。如果违约，必需一次性支付给公司3万元违约金。2012年4月，因为罗曼到另一家与公司有竞争关系的单位就职，公司遂要求罗曼支付违约金。而罗曼确实有负于公司，最终只好根据公司的警告，辞去了新职。其实，罗曼有权说“不”。虽然《劳动合同法》第二十三条第二款规定：“对负有保密义务的劳动者，用人单位可以在劳动合同或者保密协议中与劳动者约定竞业限制条款，并约定在解除或者终止劳动合同后，在竞业限制期限内按月给予劳动者经济补偿。劳动者违反竞业限制约定的，应当按照约定向用人单位支付违约金。”但该法第二十四条同样指出：“竞业限制的人员限于用人单位的高级管理人员、高级技术人员和其他负有保密义务的人员……竞业限制期限，不得超过两年。”而罗曼只是普通员工，并不属于上述主体，且期限超过两年，因此公司的竞业限制对罗曼不具有法律约束力。

侵犯特殊就业权，劳动者不必保持沉默。例如，2012年5月18日，周琳在递交产假条后不到一个小时，不仅没有得到批准，反而被告知公司已决定解除跟她签订的劳动合同。周琳心里明白，公司之所以如此，只不过是因为公司的岗位为“一个萝卜一个坑”，周琳请假，公司就必须另外雇人，可要是不辞退周琳，不仅不便雇人，还要多发一份工资。最终，周琳只有选择了沉默：自己要生育能怪谁，总不能耽误公司的工作，不上班也让公司发工资吧？周琳并非只有接受。关于就业，我国有关法律法规对妇女、残疾人、退出现役人员等有着特别的规定，即特殊照顾原则。其中对于妇女，《妇女权益保护法》第二十六条规定：“任何单位不得因结婚、怀孕、产假、哺乳等情形，降低女职工的工资，辞退女职工，单方解除劳动（聘用）合同或者服务协议。”《女职工劳动保护特别规定》第五条也强调指出：“用人单位不得因女职工怀孕、生育、哺乳降低其工资、予以辞退、与其解除劳动或者聘用合同。”由此可见，虽然周琳休产假会给公司带来一些不便，甚至造成额外支出，但公司不但不得解除与周琳签订的劳动合同，而且还必须照发产假期间的工资、福利。

选择职业的权利

选择职业的权利就是指劳动者根据自己的主观意愿，选择适合自己才能和爱好的职业。劳动者拥有自由选择职业的权利，有利于劳动者充分发挥自己的特长，促进社会生产力的不断发展。劳动者在劳动力市场上作为就业的主体，具有支配自身劳动力的权利，可以根据自身的素质、能力、志趣、爱好以及市场资讯，自主地选择用人单位和工作岗位。选择职业的权利是劳动者劳动权利的重要体现，是社会文明进步的一个明显标志。

新中国成立以后相当长的历史时期内，我国对劳动就业实行统一分配，提倡劳动者“干一行、爱一行”。劳动者要服从国家的分配，在祖国最需要的岗位上忘我地工作，为社会主义各项建设事业作出了巨大的贡献。但是，国家统包统分的计划经济模式也存在一定的弊端，企业是政府的附属物，不能自主地选择自己所需要的劳动者。同时，劳动者也不能自主地选择职业和企业，这就造成了社会生产力的巨大浪费。随着经济体制和企业转换经营机制的深入改革，迫切要求培育和发展社会主义劳动力市场。劳动者成为市场的主体，劳动者与企业通过双向选择实现就业。在劳动力市场上，劳动者作为就业主体，具有支配自身劳动力的权利，可以根据自身素质、意愿以及其他各方面的因素，选择合适的用人单位。

取得劳动报酬的权利

取得劳动报酬的权利是公民的一项重要劳动权利。我国《宪法》不仅规定了公民有劳动的权利，而且给予劳动者的劳动权利以现实的物质的和法律的切实保障。我国《宪法》明确规定的各尽所能、按劳分配的切实原则，是我国社会主义经济制度的重要组成部分。同时，《宪法》还规定，实行男女同工同酬，国家在发展生产的基础上，提高劳动报酬和福利待遇。

我们看到，随着劳动制度的进一步改革，劳动报酬已经成为劳动者与用人单位所签订的劳动合同的必备条款。劳动者付出了一定的劳动，依照合同及国家有关法律法规取得相应的劳动报酬，是劳动者应该享有的权利。而及时定额地向劳动者支付工资，则是用人单位的法定义务。用人单位违反这些应尽的义务，劳动者有权依法要求有关部门追究其责任。获取劳动报酬是劳动者持续地行使劳动权不可缺少的物质保证。

新中国成立以后，我国相继制定了许多工资制度方面的法规。这些法规的有效贯彻实施，保证了劳动者物质文化生活水平的提高，极大地调动了劳动者的生产积极性，促进了生产的快速发展。劳动报酬，已经成为劳动者与用人单位签订劳动合同的必备条款。

2012年8月15日，万小婷投诉江西省南昌润茂投资咨询有限公司拖欠其一个月工资1500元。被投诉单位负责人廖某表示，万小婷来公司已经有3个月，前两个月工资已发放，的确没有发放其第三个月工资。原因是该单位性质为投资公司，对员工的薪酬制度是进公司前两个月无论有无业绩均发放员工固定工资，从第三个月开始工资数额与业绩考核挂钩，无业绩就没有工资，并称"这是行规"。经江西省南昌市劳动监察局执法人员多次向廖某宣传国家相关法律法规,廖某终于认识到其所谓的行规与规章制度均违反了劳动保障方面的法律法规，于2012年8月29日支付了投诉人工资报酬，同时按照劳动保障法律法规的要求完善了该单位的规章制度。这是因为，投诉人万小婷与江西省南昌润茂投资咨询有限公司确实存在着劳动关系。依据《劳动法》的有关规定，劳动者在用人单位付出了劳动，即享有取得劳动报酬的权利，同时不得低于当地最低工资标准发放。该单位负责人廖某所说的不发工资的依据为其行业所谓的行规和规章制度，明显违反了《劳动法》及有关法规的规定。

获得劳动安全卫生保护的权利

获得劳动安全卫生保护的权利是保证劳动者在劳动过程中生命安全和身体健康的现实需要，是对享受劳动权利的主体切身利益最直接的保护。这方面还包括防止工伤事故和职业病。如果企业的劳动保护工作滞后，其后果不仅是职工某些权益的丧失，而且是职工的健康和生命直接受到威胁。对于任何一个劳动者而言，生命是行使劳动权利的最基本保证，没有生命，享受其他任何权利都将成为一句空话。由于职工总是在各种不同环境和条件下工作，在生产中存在着各种不安全、不卫生的因素，如果不采取及时有效的防护措施，就会造成工伤事故或者引起职业病，危害劳动者的生命安全和身体健康。

目前，我国已经制定了大量的关于劳动安全保护方面的法律法规，已经形成了较为健全完善的安全技术法律制度、职业安全卫生行政管理制度以及劳动保护监督制度。但是，有些用人单位对于劳动安全保护的重要性和紧迫性还认识不够，有些用人单位则无视对劳动者劳动安全保护的责任和义务，尤其是在一些乡镇企业和个别的三资企业中出现为了追求高额利润，无故降低劳动条件的标准，以致发生恶性生产安全事故的现象。《劳动法》规定，用人单位必须建立健全劳动安全卫生制度，严格执行国家安全卫生规程和标准，为劳动者提供符合国家规定的劳动安全制度，严格执行国家安全卫生规程和标准，为劳动者提供符合国家规定的劳动安全卫生条件和必要的劳动防护用品，对从事特种作业的人员进行专门培训，防止劳动过程中发生事故，减少职业危害。

休息的权利

我国《宪法》规定，劳动者有休息的权利，国家发展劳动者休息和休养的设施，规定职工的工作时间和休假制度。我国《劳动法》规定的休息时间包括工作间歇、两个工作日之间的休息时间、公休日、法定节假日以及年休假、探亲假、婚丧假、事假、生育假、病假等。休息休假的法律规定既是实现劳动者休息权的重要保障，又是对劳动者进行劳动保护的重要方面。《劳动法》规定，用人单位不得任意延长劳动时间。

社会保险和福利的权利

应该看到，疾病和年老是每一个劳动者都不可避免的一种现象。社会保险是劳动力再生产的一种客观需要。社会保险是国家和用人单位依照法律规定或合同的约定，对具有劳动关系的劳动者在暂时或永久丧失劳动能力以及暂时失业时，为保证其基本生活需要，给予相应物质帮助的一种社会保障制度。我国《劳动法》规定劳动保险包括：养老保险、医疗保险、工伤保险、失业保险、生育保险等。

我国的社会保险制度自建立以来，随着生产的发展，不断地得到相应的补充和完善，对于保护广大职工的身体健康，解除职工的后顾之忧，调动职工生产的积极性、主动性和创造性，发挥了非常重要的促进作用。目前，我国社会保险还存在一些不容忽视的问题，如社会保险基金制度不健全，保险基金筹集渠道单一，国家负担过重，企业负担畸重畸轻，社会保险的实施范围不广泛，发展不平衡，社会化程度低，影响劳动力的合理流动等。所以，要妥善地解决好这些问题，切实保障职工的社会保险和福利的权利。

接受职业技能培训的权利

职业技能培训就是指对准备就业的人员和已经就业的职工，以培养其基本的职业技能或提高其职业技能为目的而进行的技术业务知识和实际操作技能教育和训练。我国《宪法》规定，公民有受教育的权利和义务。所谓受教育既包括接受普通教育，也包括接受职业教育。公民要实现自己的劳动权，就必须拥有一定的职业技能，而要获得这些职业技能，越来越依赖于专门的职业培训。因此，劳动者如果没有职业培训的权利，那么劳动就业权利也就成为一句空话。公民有劳动的权利，而要实现劳动权是离不开劳动者自身拥有的职业技能的，在职业技能的获得越来越多地依赖职业培训的今天，如果公民没有职业培训的权利，劳动就业权利也就无法充分得到保障和实现。

提请劳动争议处理的权利

劳动争议就是指劳动关系当事人，因执行《劳动法》或履行集体合同和劳动合同的规定引起的争议。劳动关系当事人，作为劳动关系的主体，各自存在着不同的利益，双方不可避免地会产生一些分歧或矛盾。用人单位与劳动者一旦发生劳动争议，劳动者可以依法申请调解、仲裁、提起诉讼。劳动争议调解委员会由用人单位、工会和职工代表组成。劳动仲裁委员会由劳动行政部门的代表、同级工会、用人单位代表组成。解决劳动争议应该贯彻合法、公正、及时处理的原则。在发生争议时，有提请争议处理的权利，也是劳动者实现其他合法权利的重要保证。

第二章 为职工撑腰，为职工解难

——工会的基本职责是维护职工的合法权益

工会法规定『维护职工合法权益是工会的基本职责』，这既是《工会法》的核心，也是《工会法》的灵魂。工会在依法维权工作中有自己的做法，但同时，工会在依法维权工作中依然存在一些不容忽视的问题。新形势下，工会要协调劳资关系，帮助职工解决实际问题，加强工会作用，提高《工会法》的『知名度』，努力做好职工的维权工作。

工会是劳资关系的产物，是广大职工利益的代表者和维护者，是维护职工合法权益的组织。工会为职工维权是我国一贯的优良传统。从我国工会十二大提出要突出维护职能，到2001年修订《中华人民共和国工会法》（以下简称《工会法》），都特别突出维护职工利益是工会的基本职责。工会只有密切联系职工，真心实意地为职工办实事、解难事，才能得到广大职工的真心拥护。

说到底，工会就是职工的家。工会越有地位，越强大，广大职工就越有依靠，心里也越踏实。所以，在新时期，工会应该为职工维权发挥更大作用。我国的工会组织拥有庞大的会员数量。截至2011年底，我国工会会员总数已达到2.58亿，工会基层组织覆盖单位数达到530多万家。非公有制企业是各级工会推动建会工作的重点。据全国总工会有关部门统计，截至2012年6月底，非公有制企业法人建会343.53万家，建会率为82.73%，发展会员9929.01万人，职工入会率72.90%。按照中华全国总工会2011年初制定的“依法推动企业普遍建立工会组织，普遍开展工资集体协商”三年工作规划，到2013年底，全国企业法人建会率和职工入会率都 会达到90%以上。在2013年10月召开的中国工会第十六次全国代表大会上，中共中央政治局委员、全国人大常委会副委员长、中华全国总工会主席李建国向大会作报告时表示，当前全国基层工会组织达266.5万个，会员发展到2.8亿人，其中农民工会员

1.05亿人。对于工会工作，我国历来高度重视。其实，早在1950年，我国就制定颁布了《工会法》，这是新中国成立以后最早制定的三部法律之一。1992年4月，七届全国人大常委会第五次会议通过了新的《工会法》。2001年10月，九届全国人大常委会第二十四次会议对《工会法》作了重大修改。2004年，全国人大常委会对《工会法》实施情况进行了首次执法检查。2009年，全国人大常委会再次对《工会法》进行执法检查，这一切，都充分彰显了国家对这部法律实施的高度重视。

《中国工会章程》指出，工会的基本职责是维护职工合法权益。那么，工会怎样在实际工作中充分发挥维护职能，最大限度地代表和维护职工的基本权益和根本利益呢？工会工作的重点就是维权，而维权的重点在于民主管理，民主管理的重点在于职工权益，职工权益的重点在于维护职工的根本利益。

工会的基本职责是维护职工的合法权益

一句话，工会的基本职责是代表和维护职工的合法权益。工会产生和存在的客观性，就决定了工会必须代表和维护职工的合法权益。修改后的《工会法》第六条明确规定："维护职工合法权益是工会的基本职责。"这是我国以法律的形式第一次确立了工会的基本职责。随着《工会法》的进一步实施，对工会这一基本职责的认识也越来越深化、越来越到位了。全面正确地理解这一基本职责的深刻含义和主要精神，对于推动我国工会事业健康发展有着十分重要的意义。

从一定意义上说，维护职工合法权益是一种职责，同时更是一种职权。我国工会是职工自愿结合的工人阶级的群众组织，作为社会团体，维护会员的合法权益是其天职。我国工会不仅是会员的工会，而且也是职工的工会，其维护的不仅是会员的合法权益，同时也要维护职工的合法权益。职工之所以加入工会，其重要原因就在于通过组织的力量来表达其利益要求，使其合法权益得到有效维护。相对于工会会员或其他职工而言，工会维护其合法权益，便是自己的重要职责。

我们知道，《工会法》确立工会的基本职责是维护职工的合法权益。所谓合法权益，并非只是合法的劳动权益。劳动权益只是职工合法权益的重要内容之一，尽管劳动权益是合法权益最主要的内容。除合法的劳动权益，职工合法权益还包括很多其他内容。概括来说，无论是哪部法律、行政法规规定的涉及职工权益的内容，只要职工有需要，工会都应当予以维护，而不能仅仅理解为只是维护职工合法的劳动权益。比如，《妇女权益保障法》规定了禁止对妇女“性骚扰”这一条款，当女职工受到这方面权益侵害时，需要予以维护的话，工会就应该义不容辞地行使《工会法》所确立的维权之责任，理直气壮地维护该女工的合法权益，不能因为其不是《劳动法》的内容就置之不理。确立维权基本职责，以往工会的“吹拉弹唱、打球照相”等群众娱乐活动是不是可以不搞了呢？其实，基本职责并没有从理论和实践上否定这些群众性的娱乐活动，这些都属于职工的文化娱乐权利，工会组织这样一些健康有益的活动，不仅是提高职工物质文化生活的需要，而且也是工会履行基本职责的根本要求。

工会维权的内容主要包括维护职工的政治权益、经济权益、人身权益、民主权益、文化权益乃至心理健康权益等。深入贯彻落实修改后的《工会法》，正确而全面地理解我国工会的基本职责，需要澄清和改变过去几十年来形成的一些工会工作的理念。当前，工会工作的理念应当真正转移到法律制度上来，其工作的本位应当是职工，切实做到“密切联系职工，充分听取和积极反映职工的意见和要求，关心职工的生活，帮助职工解决实际困难，全心全意为职工服务。”职工利益无小事，基本职责要求工会的各项工作必须把维权作为出发点和落脚点。

比如，2012年6月，宁夏回族自治区中卫市总工会开展了职工“维权标兵”评选活动，采取自荐、互荐、组织推荐等形式提名，自下而上，逐级推荐，严把审核关，确保评选的真实性、客观性和有效性。对刘成江、徐刚等8名在维护职工特别是农民工劳动经济权益方面涌现出的先进分子授予了“中卫市职工维权标兵”荣誉称号并给予重奖。2012年以来，中卫市总工会建立了以市总工会牵头，以市劳动监察支队和劳动仲裁部门为主体，以市中级人民法院配合的“四位一体”维权格局，职工经济利益维权工作取得了明显成效。据不完全统计，8位维权标兵先后督促用人单位签订劳动合同14149份，清退非法收取职工押金26.6万元。可见，如果工会的基本职责和重要作用发挥好了，就能够有效维护职工的合法权益。

工会维权的法律依据

工会依法维权的法律依据是《劳动法》《工会法》，包括企业管理中涉及的《公司法》《合同法》等相关的法律和一系列地方性法规。《工会法》明确规定："维护职工合法权益是工会的基本职责"，这既是《工会法》的核心，也是《工会法》的灵魂。这些法律法规对工会履行维护职工合法权益职责作了明确规定，给工会履行维护职工合法权益的基本职责提供了法律依据和制度保障。

工会在依法维权工作中的基本做法

第一，依法召开职工代表大会。职工代表大会是企业实行民主管理的基本形式和重要途径，作为职工根本利益代表者和维护者的工会组织，帮助指导职工签订劳动合同并代表职工签订集体合同是工会的一项重要任务。

第二，认真负责地行使安全生产中的监督权。保护劳动者的人身安全，是职工劳动权益中最重要的权利。在发现企业存在违章指挥等危及劳动者人身安全的情况时，工会应及时建议企业方面予以改正。

第三，积极参与劳动争议调解。《工会法》明确规定："工会参加企业的劳动争议调解工作。地方劳动争议仲裁组织应当有同级工会代表参加。"参加劳动争议的调解和仲裁，是工会组织的一项重要工作。

第四，扎实稳步推进基层民主管理。各基层工会通过设立职工意见箱，开通工会热线等有效方式，随时接受职工的各种意见和合理化建议。

工会在依法维权工作中存在的主要问题

一是劳动力市场逐步健全完善，劳动关系更加市场化，职工的工作范围更广泛，弹性更大，企业生产经营和劳动用工更加灵活，职工劳动报酬与工作业绩直接挂钩，差别更加明显，这些都使劳动关系变得更加复杂多样。

二是一些工会干部综合素质不是很高，工作能力不是很强，真正要代表职工办好事、办实事的能力还需进一步提高，这就在一定程度上影响和制约了工会工作的顺利开展。

三是倾听职工意见和建议的渠道还不畅通，对职工提出的合理化建议向上级部门或有关部门反映不是很积极，这就影响了广大职工的工作积极性和主动性。

四是对解决职工实际困难和问题的办法不多，特别是对一些特困的职工和单亲子女的实际困难，往往只能是在过年过节的时候象征性地进行补助和慰问，日常和长效的关心和帮助还做得不够好。

五是对一些外来农民工的合法权益以及业余生活维

护不够、关心不多。

提高《工会法》的知名度

《工会法》规定，维护职工合法权益是工会的基本职责。目前，有些工会还仅仅停留在“文体活动型工会”的层面上，履职维权的意识不够强、也不积极主动，一些民营企业里的工会主席因为怕得罪老板，更是不敢维权、不想维权、不愿维权。

为了更好地贯彻落实《工会法》，应进一步加大对《工会法》基本原则和精神理念的宣传力度。要把宣传《工会法》放在重要位置，进一步扩大宣传覆盖面，让广大职工真正了解工会组织的职责和义务，努力营造良好的舆论氛围，切实提高职工对法律的认知度，使广大职工能够依法维权、科学维权。此外，还要积极推进基层工会组织建设。《工会法》规定：“职工200人以上的企业、事业单位的工会，可以设专职工会主席。”从现实情况来看，由于法律中对基层工会专职主席的设置没有硬性规定，有些200人以上的企业中，党政副职兼任工会主席的现象比较普遍，也存在着“在其位难谋其政”的问题。因此，建议法律明确规定，职工200人以上的企业、事业单位，应当配备专职工会主席。

协调劳资关系，工会作用应进一步加强

根据《劳动合同法》的规定，用人单位单方解除劳动合同，应当事先将理由通知工会。用人单位违反法律、行政法规规定或者劳动合同约定的，工会有权要求用人单位纠正。用人单位应当听取和研究工会的意见，并将处理结果书面通知工会。这一规定充分表明，用人单位单方解除合同，必须履行两个“通知”的程序。这项规定就赋予了工会监督的权力，从程序上保障了工会实施对用人单位单方解除劳动合同的监督。

但在工作实践中，用人单位在单方解除劳动合同时很少将理由告知工会，工会的这一重要作用，工会和劳动者了解的也不是很多。在处理过的案件中，很少有劳动者以此为理由抗辩用人单位解除劳动合同不合法。为此，要真正让劳动者明白工会是自己的组织，必须在劳资方面发生问题时，首先应想到通过工会来帮助解决问题。

此外，《劳动合同法》还规定，在县级以下区域内，建筑业、采矿业、餐饮服务业等行业可以由工会与企业方面代表订立行业性集体合同，或者订立区域性集体合同。我们知道，建筑业、服务业、餐饮业等行业聚集了大量的农村劳动力，由于这些劳动者接受的教育较少，文化程度较低，维权意识较差，在劳资关系中往往处于被动地位。目前，建筑业、餐饮服务业关于工资、劳动条件

和劳动保护等没有统一的标准并且差异很大，根据《劳动合同法》的规定，当劳资双方对于劳动报酬和劳动条件产生争议时，能重新协商的要重新协商，无法重新协商的应当首先适用集体合同。但目前的现状是，签订行业集体合同的却很少。

因此，应加强基层工会这方面的作用。由工会出面代表劳动者与企业代表进行协商，签订集体合同，从而保证用人单位能够依法、依集体合同用工。所以，要以法律的手段推动平等协商、集体合同制度的建立和实施。此外，还应对现行《工会法》进行修正和补充，明确规定企业应开展工资集体协商工作，上级工会应当帮助和指导下级工会与企业进行平等协商，签订工资集体协议，并对协议的履行情况进行监督检查。

更多地关注进城务工人员的入会问题

2013年2月22日，国家统计局公布的2012年统计公报显示，2012年全国农民工总量为26261万人。在这两亿多的农民工中，农民工会员总数为9655.7万人。可见，农民工会员比例仍然偏低。远离自己的家乡，带着对美好未来的憧憬与向往，许许多多的进城务工人员从乡村来到城市，他们服务于各个行业，为城市的各项建设贡献着自己的力量。他们当中，有相当一部分人是通过劳务派遣方式实现就业的。

劳务派遣是指劳务派遣单位与被派遣劳动者订立劳

动合同后，将该劳动者派遣到用工单位从事劳动的一种特殊用工形式。这种形式的特殊性就在于劳动者服务于用工单位，却不直接与其签订劳动合同。由于进城务工人员流动性较大，工作季节性较强，而且不少是通过劳务派遣公司被派遣到用工单位的。因此，他们加入工会的问题往往容易被忽视。如果不从法律和组织上加强协调、统一管理，劳务派遣人员就会远离工会组织的视线，处于真空管理的状态。

由此，工会应更多地关注进城务工人员的合法权益保护问题。进城务工人员是一个非常特殊的群体，针对劳动关系中的矛盾和问题比较突出的现实状况，迫切需要工会组织来维护他们的合法权益。所以，建议法律对进城务工人员组织和参加工会的权利作出明确规定。

工会应帮助职工切实解决实际困难和问题

进企业、访职工、办实事、促发展既是工会的一项长期任务和重要工作，也是工会学习实践中国特色社会主义工会发展道路的一项重大举措。只有实打实地服务广大职工，帮助困难企业解决存在的实际问题，工会才能成为职工的信赖之家、温暖之家。所以，各级工会要扎扎实实地沉到企业中去，实实在在地为企业解决难题。工会干部也要紧紧围绕构建社会主义和谐劳动关系这条主线，在工作和生活实践中增进对基层的了解，增强对职工的感情，进一步提高工会干部服务基层的能力和水平。因此，要放下架子扑下身子、走出机关接上地气、深入基层激发活力。

例如，新疆维吾尔自治区总工会推动解决职工群众最盼最急最忧最怨问题。新疆维吾尔自治区乌鲁木齐市沙依巴克区有4家多年没有成立工会的“老大难”企业，新疆维吾尔自治区总工会党组书记李明任组长的工作组在走访时，了解到“招工难”正困扰这几家企业。工作组立即与各劳动力市场联系，当天各服务大厅就张贴出企业的招工信息。面对工会干部的真情真心，一家企业负责人承诺：“20天内，一定建立工会组织。”到困难职工多的企业、生产经营困难的企业、劳动关系复杂的企业、工会工作推进有难度的企业去，倾听广大基层职工、企业经营人员、普通群众的意见和建议，为他们解疑释惑，推动解决广大职工最盼、最急、最忧、最怨的问题，“面对面、心贴心、实打实，服务职工在基层”活动全面启动后，新疆维吾尔自治区总工会立即分成8个工作组赴全区调研走访，下地州、进企业、走街道、蹲社区，并推动各地州市工会、产业厅局工会开展多项活动。

工会干部在走访、座谈、摸底调研中，了解到一些存在的突出问题，大多集中在工会组织建设、职工培训、集体合同、社会保障等方面。比如，一些改制企业职工工资、福利待遇相对较低；部分行业存在劳动强度较大，职工休假无法保证，法定节假日补助加班工资不能支付的现象。而对于企业来说，遇到的困难集中在招工难、留人难、融资难等方面。

面对企业和职工的诉求及问题，新疆维吾尔自治区各级工会将它们分类分层着手解决。对于企业经营层面的问题，工会发挥自身优势帮助解决；对于法律法规层面的问题，争取从更高层面推动化解；对于需要政府层面解决的问题，形成专题报告；对于群体易发、规模性和热点问题，增强职业敏感性，及时向上级报告并耐心做工作；对于企业困难职工层面的问题，除工会帮扶资金外，动员社会各方力量，从根本上、更大范围推动社会关心救助；对于基层工会层面的问题，坚持帮助基层工会履行职能、开展活动、发挥作用。

又例如，实打实解决问题，工会才能成为职工的信赖之家，甘肃省兰州市总工会真情帮扶职工，真心实意服务企业。2012年2月20日，兰州市总工会召开十五届七次全委（扩大）会议，动员全市工会开展“进企业、访职工、办实事、促发展”活动，号召全市工会干部要坚持生产困难企业、劳动密集型企业、困难职工多的企业、劳动关系矛盾突出的企业、工会工作薄弱的企业必进；生产一线职工、生活困难职工、农民工、劳务派遣工、青年职工必访这就是兰州市总工会推行的“五必进”“五必访”。

自从兰州市总工会开展“进企业、访职工、办实事、促发展”活动以来，联系的46户困难企业中一户比较典型的困难企业。这一企业面临着历史包袱沉重、主业市场萎缩、地税税负较大、转型项目落地难四大难题，这些问题严重困扰着企业的转型和发展，也严重影响和制约着职工收入的增长与和谐劳动关系的建立。兰州市总工会在这里专门成立了企业职工帮扶中心，配备了办公电脑，慰问了10名困难职工。兰州市总工会开展的“五进五访五联系”活动，目的就是给困难企业和职工更多地解决一些实际问题。

由此，带着真情与职工面对面交流，了解他们的所需、所愿、所想、所求，真心实意地为困难职工和企业排忧解难，也就逐渐成为工会干部们的思想共识和自觉行动。在走访兰石集团过程中了解到，该企业保卫处程耀军收入低、妻子无业，又为8岁的儿子治疗先天性心脏病发愁的情况后，市总工会的领导急困难职工之所急，千方百计地寻找信息，先后通过民政部门和慈善机构联系到省内外的专家为其儿子会诊治病。为了让程耀军的儿子度过一个快乐的儿童节，又安排工会干部送去了节日礼品和慰问品。这项活动开展以来，市总工会工作重心进一步下沉，不断探索面对面、心贴心、实打实服务职工在基层常态化、长效化的新路径。在先后走进46户困难企业，访问432名职工，慰问劳模和困难职工538名，建立了130多个工会干部联系点的同时，又积极多方筹措了24万元资金，于2012年5月10日之前，在全市41家国有和非公企业中成立了职工帮扶中心，在全市形成了市、县（区）、街道（乡镇）和社区（企业）四级职工维权帮扶网络体系及长效帮扶机制。

再例如，宁夏回族自治区吴忠市总工会深入开展服务职工活动，为帮助中小企业解决用工难问题出谋划策。吴忠市总工会深入金积工业园区开展“面对面、心贴心、实打实服务职工在基层”活动，针对企业普遍反映的用工方面需求不足的问题，组织人员专门对辖区内中小企业的用工情况进行了深入了解。

通过进一步了解，吴忠市中小企业招工难的主要原因有以下几个方面：一是随着当地经济的快速发展和入驻园区企业的大量增加，企业的用工数量迅速增大，致使部分企业和行业出现用工缺口。二是随着企业不断引进新技术、新工艺和新设备，高素质高技能劳动力明显不足，出现招工难的问题。三是企业规模小，发展前景渺茫，职工就业稳定性差，一些工人不愿意到这样的企业工作。四是劳动密集型企业劳动定额高，工作强度大，工作时间长，家庭经济条件好一些的年轻人，不愿意到这样的企业上班。五是部分中小企业的盈利水平不高，经济比较困难，给工人定的工资标准较低，其中还有少数企业不能按时足额发放工资，不能为职工办理养老、医疗、工伤、失业等保险，使企业很难招到工人。六是一些企业用工不规范，管理缺乏人性化，职工权益得不到有效保障，导致部分工人离岗或跳槽。

为了帮助中小企业破解招工难的问题，帮助企业解决实际困难，吴忠市总工会经过深入调查研究，提出了以下几点建议和措施：

一是大力整合社会资源，有效搭建劳动力资源供需平台。吴忠市总工会联合人力资源和社会保障部门适时举办各类专场招聘会，搭建用人单位、雇主与求职人员就业平台，更好地满足企业用工需求，促进高校毕业生、外来务工人员、农村劳动力及就业困难人员就业。继续开展春季现场招聘周、“春风行动”市县联动大型人力资源推介会、农民工就业服务招聘周等活动。

二是积极拓宽就业信息渠道，进一步加大用工与求职信息发布力度。逐步加大工会、人力资源和社会保障网络用工与求职信息发布力度，为企业和求职者提供及时准确的信息，形成内外结合、相互补充、全方位、立体化的信息化就业网络，提高企业用工信息和就业信息发布的质量和覆盖面。

三是实行内联外引，进一步加大引进外来劳动力的力度。根据企业缺工的具体情况，积极引进宁夏南部山区及周边省区劳动力，加强与宁夏民族职业技术学院、吴忠市技工学校等高职大中专学校的联系与合作，采取与企业合作订单培训等形式，为企业解决用人缺口和高校大中专毕业生就业难的问题。

四是建立健全联系机制，帮助企业稳定老职工、吸引新职工。进一步落实宁夏回族自治区工资最低标准，引导企业与职工建立工资集体协商制度，提高务工人员的工资水平，建立正常的工资增长机制，同时为企业免费提供技能提升培训，增强企业吸引力，为其稳定员工队伍营造良好的氛围。努力改善一线职工工作、生活环境，提高他们的福利待遇，增强职工的幸福感和归属感，吸引更多的人才来到企业，为企业的发展提供人才保障和智力支撑，使职工安心工作，扎根企业，减少现有职工的流失。

新时期工会做好维权工作的路径选择

正确把握社会主义市场经济条件下的劳动关系问题，是工会做好新形势下维权工作的基本前提和重要保证。建立稳定和谐的劳动关系，工会将通过行使各项基本权力来代表和维护职工的合法权益。

首先，在扩大探索维权途径方面：一是维护职工的政治权利。通过职工大会、厂务公开等有效形式维护职工对单位基本情况的知情权和重大事项的决策权。二是维护职工的经济权利。工会通过了解，听取意见和向行政部门提出合理化建议等多种有效形式，维护和提高职工的福利待遇。三是维护职工受教育的权利。工会通过组织、支持和鼓励职工参加政治学习、学历教育、专业技术培训和各种专题讲座，建立相应的精神和物质激励机制，努力构建学习型的团队。四是维护职工参加各种文体活动的权利。可以因地制宜地开展扑克、羽毛球、乒乓球等职工喜闻乐见的文体活动。除了利用职工之家购买各种书籍、杂志、音像片，提供给职工借阅外，还应为职工订阅报纸或杂志。五是积极行使参与权。工会代表职工参与有关政策法规的制定和协商。六是积极行使谈判权。工会代表职工与企业行政和有关部门就职工权益方面存在的问题进行广泛的平等协商。七是积极行使缔约权。工会代表职工与企业行政签订集体合同和有关单项协议。八是积极行使监督权。工会对行政单位在执行国家和地方的劳动法律法规和政策的情况进行检查和监督。九是积极行使调处权。工会代表职工参与劳动争议的调解和仲裁。

其次，在落实维权工作的保障措施方面：依法维权是工会组织职能中的一项重要内容，必须放在重要位置。只有这样，才能最大限度地维护广大职工的合法权益，才能最大限度地调动和发挥广大职工的积极性。因此，要积极建立工会工作新的机制。

一是建立源头参与机制。按照《工会法》的规定，县以上可建立地方工会、产业工会与政府及有关部门的联席会议制度，并通过其他渠道参与。对此，要主动设计，精心组织，真正支持基层工会履行职代会职权和落实集体合同目标。

二是建立三方协商机制。工会要加大参与民主管理的力度，提高参与能力和协商水平，充分发挥主观能动性，会同有关方面，认真分析和研究本地劳动关系方面带有全局性和根本性的重大问题，为同级人大和政府制定有关劳动法规和政策提供智力支持和决策咨询，对本地企业推行平等协商、签订集体合同制度进行工作指导。

三是建立法律援助机制。依照《工会法》的规定，县以上工会要规范工会法律援助的职责、权利、义务，为工会法律援助提供政策和条件的支持，投入必要的人力和物力，为工会法律工作人员提供工作条件、提高工作质量，使那些最困难、最需要帮助的职工及时得到法律援助。

四是建立相关保障机制。应该积极建立健全工会系统的调查研究制度、工会干部培训制度、劳动关系预警机制和参与劳动仲裁等相关制度，从而形成有力的保障体系和机制，为基层工会组织和广大工会干部履行职责提供良好的服务。

比如，宁夏回族自治区成立职工维权法律援助中心站。2008年3月22日，宁夏回族自治区职工维权帮扶中心和职工法律援助站挂牌成立，标志着宁夏工会以困难职工帮扶中心为平台，构建困难职工、农民工日常帮扶救助机制逐步趋于标准化、制度化。

五是建立以维权为目标的工会工作激励机制。维权是工会的基本职责，《工会法》对工会干部履行维权职能遇到侵害时应有的保护措施作了法律规定，也对工会干部损害职工权益的失职行为明确了相应的法律责任。为此，应采取必要措施，制定相关的规章，建立健全工会工作责任制，进一步强化工会内部激励机制。

最后，在建立有效工作方式方面：一是大力加强法律、法规以及规章的宣传和培训工作力度。进一步加大《工会法》的宣传力度，提高人们对《工会法》的认知度，努力形成《工会法》执法的社会联动机制，同时在各级工会干部中加强对法律法规知识的培训，在实际工作中提升运用法律法规的能力和水平。

二是切实关心职工合法权益和切身利益。要以建立平等协商和集体合同制度为重点，加强工会参与和民主管理工作，把职工送温暖工程纳入制度化、经常化、社会化的轨道。完善职工代表大会制度，坚持以职代会为主要载体，以全面推进职工群众搞好民主管理、民主参与和民主监督，确保广大职工各项民主权益得到充分实现。要努力加大源头维护的力度，积极履行参与的职能，参与涉及职工切身利益的各项规章制度和改革方案的制订，坚持维护原则，使广大职工群众的合理要求在改革方案中得到充分体现。

三是工会应主动配合行政工作，争取行政对工会工作的理解和支持。这就要求，必须改革传统的、单一的、僵化的工会模式和活动方式，工作定位要根据单位的实际工作要求，取得行政领导的大力支持，工作内容要符合职工意愿，工作方式要适应工会自身建设。减少工作的盲目性和无序性，提高工作的针对性和有效性，努力满足不同职工群体的权利诉求。

四是变事后被动维护为事前参与、事中监督的全过程维护。企业的各项规章制度，既能维护正常的生产工作，又有可能侵害职工的合法权益，这就要在广泛听取不同层次职工意见和建议的基础上，从修订规章制度的源头开始，主动参与其中，并站在维护职工利益的角度上，充分发表自己的观点和看法。

第三章 以职工为本，主动依法科学维权

——中国特色社会主义工会维权观

『以职工为本，主动依法科学维权』的中国特色社会主义工会维权观，从根本上回答了为何维权、为谁维权这一重要问题。所以，工会要以职工为本，解决好三个重点问题，处理好五个关系，主动依法科学维权，积极践行好中国特色社会主义工会维权观，认真落实好中国特色社会主义工会维权观。

王兆国同志在2006年12月8日召开的全总十四届十一次主席团（扩大）会议上，从我国具体国情出发，站在历史和时代发展的高度，首次鲜明地提出了“以职工为本，主动依法科学维权”的中国特色社会主义工会维权观。中国特色社会主义工会维权观强调以职工为本，主动依法科学维权，是科学发展观在工会领域中的重要体现，从根本上回答了为何维权、为谁维权的问题，是新形势下工会工作的重要指导思想和科学理念。工会组织一定要坚持“组织起来，切实维权”的工作方针，深入贯彻“以职工为本，主动依法科学维权”的中国特色社会主义工会维权观。所以，在新形势下，应牢固树立和落实中国特色社会主义工会维权观，主动、依法、科学维权。

牢固树立中国特色社会主义工会维权观的根本原因

首先是走中国特色社会主义工会发展道路的必然要求。走中国特色社会主义工会发展道路的提出，是我国工会理论的创新发展和重大突破，涉及工会发展方向、发展原则、发展目标、发展战略等一系列重大理论和实践问题。工会的基本职责是代表和维护职工群众的合法权益，这一特性决定了中国特色社会主义工会发展道路的核心问题是维权。也就是说，要从实践中解决如何把广大职工的合法权益维护好、实现好、发展好。中国特色社会主义工会维权观是工会维权工作的根本宗旨、重要原则、核心理念、途径方式等的集中体现。

其次是解决中国特色社会主义发展道路所面临问题的必然要求。当前，随着改革的深化和社会主义市场经济的快速发展，我国社会经济成分、利益关系和分配形式日益多样化，劳动关系日趋复杂，各种利益矛盾日益凸现，给工会维权工作带来了更大的挑战。工会要履行好自身职责，就必须树立中国特色社会主义工会维权观，以辩证唯物主义的眼光审视各种利益矛盾，以科学统筹的方法协调好各方面的利益关系，以社会化、多样化的维权手段满足不同利益群体的各种需求，从而实现对职工群众合法权益的有效维护。

最后是深刻理解和把握中国特色社会主义工会发展道路内容的必然要求。中国特色社会主义工会发展道路具有丰富而深刻的时代内涵，其本质贯穿了维权的科学性。坚持以邓小平理论和“三个代表”重要思想为指导，深入贯彻落实科学发展观，坚持自觉接受党对工会工作的领导，坚持服从服务于党和国家工作大局，坚持切实表达和维护职工群众的合法权益，坚持工人阶级队伍和工会组织的团结统一，坚持独立自主地开展工会对外交往，坚持推进工会的理论创新、体制创新和工作创新等。这些方面的内容是一个相互联系的有机整体，相辅相成，不可分割，既是我们做好新形势下工会工作必须遵循的原则要求，也是确立中国特色社会主义工会维权观基本内涵的重要依据。

中国特色社会主义工会维权观的基本内容和深刻内涵

中国特色社会主义工会维权观言简意赅，内涵丰富，思想深刻。第一，中国特色社会主义工会维权观的核心是以职工为本。这就从根本上回答了为谁维权、为什么维权的问题。以职工为本，就是要坚持工人阶级始终是推动我国先进生产力发展和社会全面进步的根本力量，是社会主义经济、政治、文化建设与社会主义和谐社会建设的主力军；就是要以实现职工的全面发展为目标，不断满足广大职工日益增长的物质文化需要，切实保障职工群众的政治、经济、文化和社会权益；就是要依靠职工群众共建和谐社会并共享和谐成果；就是要把职工群众的根本利益作为工会一切工作的出发点和落脚点。

第二，中国特色社会主义工会维权观是一个有机统一的整体，其本质要求是主动、依法、科学维权。主动维权，就是要增强责任意识，有超前的预见和积极的作为，主动了解职工群众的实际困难和各种问题，反映诉求、化解矛盾，改变事后介入的被动维护，努力做到事前参与和主动维护。依法维权，就是要增强法治思维和法制观念，善于运用法律手段和途径，通过理性合法的方式，依法规范维权行为，更好地适应经济社会关系和劳动关系的深刻变化，积极参与涉及职工利益的法律法规和政策措施的研究制定，建立和完善维护职工合法权益的有效机制和规章制度。科学维权，就是要依据我国国情和时代特点，掌握工会维权的规律性，用科学理论来指导，用科学态度来协调，用科学方法来推进，更好地做到推进改革开放、促进企业健康发展和实现职工利益相统一，使工会维权工作沿着正确的方向不断前进。

第三，中国特色社会主义工会维权观强调要坚持两个维护相统一的维权原则。在维护全国人民总体利益的同时，更好地代表和维护职工群众的具体利益。两个维护相统一，具体到基层企业就是要遵守“促进企业发展，维护职工权益”的原则。党领导的建设中国特色社会主义伟大事业，集中代表了包括职工群众在内的全国人民的总体利益。离开全国人民总体利益的实现，职工群众的具体利益就无法从根本上得到维护。同时，总体利益是由各方面具体利益构成的，离开对职工具体利益的维护，总体利益也就无法有效实现。因此，促进经济持续健康发展和社会全面进步是实现总体利益的必然要求，同时又为企业职工具体利益的实现提供了切实保障。

坚持中国特色社会主义工会维权观，要求工会必须坚持两个维护相统一的原则，既要旗帜鲜明地支持改革，教育引导职工理解和投身改革，正确处理个人利益与集体利益、局部利益与整体利益、眼前利益与长远利益的关系，最大限度地保护、调动、发挥职工群众的工作积极性和创造性，又要旗帜鲜明地维护职工的合法权益，促进职工群众的具体利益不断得到实现和保障，确保职工群众共享经济社会发展的成果。

第四，中国特色社会主义工会维权观要求树立“和谐发展、互利共赢”的理念。“和谐发展、互利共赢”的维权理念，倡导和谐理念，培育和谐精神，畅通职工利益诉求渠道，通过协商、调解等方式，运用经济、法律、行政等手段，切实解决劳动关系领域中的矛盾和问题。具体到企业工会工作中，一方面要不断促进企业各项事业发展，引导广大职工积极履行自己的义务，爱岗敬业、勤奋工作，加强学习、提高素质，促进企业的健康持续发展。另一方面要加大协调劳动关系的力度，开展创建劳动关系和谐企业活动，维护好职工的劳动经济权益、民主政治权利和精神文化需求。

第五，中国特色社会主义工会维权观要求坚持统筹兼顾、突出重点的维权方法。这主要是为了适应我国职工队伍在具体利益需求上出现的多层次、多样化特征。我国的职工队伍与过去相比，在构成上发生了重大变化，主要表现在：一是队伍规模宏大，结构复杂；二是收入差距不断拉大；三是农民工已经成为我国产业工人的主体，数量上已远远超过有城镇户籍的职工。

这些变化必然使职工队伍在利益诉求上出现具有利益需求多层次、多样化的特征。因此，维权工作必须统筹兼顾、突出重点，既突出维护困难职工、下岗失业人员和农民工等群体的合法权益，又注意维护其他职工群体的合法权益；既突出维护职工的劳动经济权益，又注意维护职工的民主政治权利、精神文化需求和社会权利；既突出为职工群众切实解决好实际困难和问题，搞好具体维护，又注意发挥我国的政治优势，搞好源头参与、宏观维护，建立健全维权工作的长效机制和各项制度；既突出做好国内维权工作，又注意在国际工运舞台上高举和平、发展、合作的旗帜，维护国家利益和职工权益。

第六，树立和落实中国特色社会主义工会维权观要坚持党政主导、工会运作的维权格局。自觉接受党的领导，是工会维权工作沿着正确方向发展的根本保证。坚持在党的领导下独立自主、创造性地开展工作，是维护职工具体利益的必然要求。工会组织的维权工作是党和政府主导的维护群众权益工作的重要组成部分。因此，要把坚持党政的主导性与发挥工会的主动性有机统一起来，加强与社会各方面的沟通、联系和配合，努力形成“党委领导、政府支持、社会配合、工会运作、职工参与”的维权格局，确保维权工作取得实实在在的成效。

努力践行中国特色社会主义工会维权观

“主动维权、依法维权、科学维权”是对新形势下工会组织履行维权职责基本经验的科学总结和集中概括。加深理解“主动维权、依法维权、科学维权”的深刻内涵并全面把握其实践要求，是各级工会组织的重要任务。

1.主动维权，就要坚持做到“四个积极主动”。一是积极主动把握广大职工的各项需求。工会作为职工利益的代表者和维护者，不能“坐店等客”，而应走出机关、深入基层、深入一线、联系群众，主动了解和反映职工权益实现的相关问题，及时、准确、全面地把握职工的各项需求。比如，在处理有关职工报酬争议中，工会要在深入调查研究的基础上，提出自己的主张，既为政府部门在最短的时间内解决问题提供依据、创造有利条件，又为制定工资正常增长机制提供决策参考，还能够有效地维护职工的合法权益。

二是积极主动争取党委的领导。工会作为党领导下的职工群众组织，其主动维权的根本体现就是要把广大职工的意愿和需求主动地向党委作真实、全面的汇报和反映，为党委科学决策提供一定的参考依据，从而使工会在党的领导下，更好地发挥维护职工合法权益的重要职能。

三是积极主动参与到源头决策中来。政府出台的涉及职工利益的各项政策和文件，直接关系到职工利益的实现和维护。主动参与到源头决策当中，是工会有效维权的途径之一。要使工会在源头决策中说得上话，工会自己首先要懂全局、懂经济、懂管理、懂政策，要有调查、有数据、有分析、有对策。

四是积极主动赢得社会各界的广泛支持。能不能取得社会力量的大力支持和积极配合，也是对工会主动维权的一种检验。工作实践中，坚持把工会重点工作情况及时向人大和政协通报，邀请有关方面的领导参加工会的重要活动，加强人大和政协中工会、企业界代表和委员的联系沟通，从而赢得社会各界对工会维权工作的支持。

2.依法维权，就要坚持做到“四个不断强化”。一是不断强化法律意识。依法维护职工合法权益，就必须不断增强广大职工和工会工作者的法律意识和法治思维，使其明确法律赋予的各项权益。为了增强职工及工会干部的法律意识和法治观念，应在电视、广播、报纸、网络等新闻媒体上开辟宣传职工合法权益的专栏，加大对工会依法维权的新闻报道，解析侵犯职工合法权益的案例，进行职工权益方面的政策解答。

二是不断强化群众监督。组织广大职工对涉及自身利益的相关法律法规的执行进行监督，这既是依法维护其自身权益的迫切需求，也是促进社会主义法治建设和全面推进依法治国的内在需要。在强化群众监督中，要把群众的总体参与同发挥职工代表的作用、建立法律顾问制度、建立劳动争议工会仲裁庭等有机地结合起来，使群众监督在依法维权中发挥更加重要而明显的作用。

三是不断强化立法参与。作为工会，一方面要对立法意见积极组织调研，提出相关建议，反映职工真实意愿；另一方面要结合职工合法权益实现中的共性问题和广大职工的要求，建议政府出台相关政策文件。

四是不断强化维权机制建设。要推动建立法制化维权保障机制、规范化维权运行机制、社会化维权互动机制、目标化维权责任机制和个性化维权统筹机制等五大维权机制，从而形成工会维权工作的完整体系。在规范化维权运行中，大力推行“超前研究、民主决策、全会落实、督察反馈、双向评价”的工作程序，有效保证维权工作真正落到实处，取得一定成效。

3.科学维权，就要坚持做到“四个高度统一”。一是坚持维护职工具体利益与维护全国人民总体利益高度统一。作为工会组织就必须以全局为重，以贯彻党的路线方针政策和实施国家的法律法规为前提，切实做好职工权益维护工作。对工会组织来说，既要考虑经济发展，又要维护职工利益；既要维护职工利益，又要兼顾经营者利益。

二是坚持维护困难职工利益与维护全体职工利益高度统一。当前在企业转制、社会转型的过程中，一部分职工因下岗、失业及其他原因，造成了一定的生活困难，利益受到一定的损害，他们是最需要获得帮助的社会群体。因此，维护职工权益，首先就要维护他们的合法权益。另外，还有广大的农民工，他们是职工队伍中新的成员，但因其处于二元社会结构下，合法权益经常受到不同程度的侵犯，他们是工会维权的重点对象。只有抓住重点，解决现实困难和问题，使这部分职工的合法权益得到有效保障，那么整个职工队伍就会和谐稳定，就会促进职工队伍整体利益的最大化实现，也才能真正做到维护困难职工利益与维护全体职工利益的高度统一。

三是坚持维护职工经济利益与维护职工其他利益高度统一。职工经济权益是最基本、最重要的维护内容。因为没有就业权、劳动报酬权、安全与卫生权的实现，职工其他权益的实现也就失去了基础。当然，在做好经济权益维护的同时，我们也不能忽视对职工政治、文化和社会权益的维护。

四是坚持维护职工利益与加强职工队伍建设高度统一。一方面要加大对职工切身利益的维护力度，另一方面要通过加强职工队伍建设，广泛开展学习劳模事迹、弘扬劳模精神，树立职业道德标兵等多种行之有效的活动，不断促进职工队伍整体素质的提高。

贯彻落实中国特色社会主义工会维权观必须解决好三个重点问题

第一，健全完善制度和机制是重要保障。贯彻落实中国特色社会主义工会维权观，非常需要制度和机制作保障。贯彻落实中国特色社会主义工会维权观，有一项重要工作必须做好，那就是对照中国特色社会主义工会维权观，对工会以往的维权工作进行总结梳理，对比较好的经验和做法进行提炼，并上升到制度和机制层面，从而使工会维权工作能够在制度和机制的轨道上运行。

我们可以说，拥有完善的组织体系和丰富的人际资源，是我国工会组织的重要特色和优势所在，如何进一步整合好这些资源，以充分发挥其潜力，对于贯彻落实中国特色社会主义工会维权观、进而推进工会各项工作持续健康发展具有十分重要而深远的意义。工会尤其要着力强化对法规政策的制定及其执行的源头参与，努力把问题解决在萌芽状态，争取维权更主动，更有效果。各级工会组织要着眼于劳动关系的建立、运行、监督和调处等重要环节，进一步建立健全利益协调机制、诉求表达机制、矛盾调处机制和权益保障机制，努力为工会维权工作提供制度机制保障，从而真正做到确保职工群众共享改革发展成果、充分反映职工的意愿和要求、维护职工队伍团结稳定和社会和谐、切实解决职工生产生活中存在的困难和问题，各级工会必须要以贯彻落实中国特色社会主义工会维权观为契机，扎扎实实地在健全完善和有效实施维权机制，发展和谐劳动关系方面取得重大进步。

第二，进一步加强工会自身建设是重中之重。维护职工合法权益是我国《工会法》确定的基本职责，但维权工作又是最难做的一项工作，特别是在当前，劳动关系日益复杂化、多元化，相关的法律法规政策、管理体制机制还不完善科学、执行难以到位的情况下，工会既要促进企业健康发展，同时还要维护职工权益。贯彻落实中国特色社会主义工会维权观，必须从当地实际情况出发，实事求是地把理论和实践有机结合起来。目前，最关键的问题是要加大工会工作力度，切实解决工会自身工作难到位的问题。为此，必须建立健全科学的组织构架和科学的工作机制。比如，基层工会的组织构架要立足于企业内部，但实际上，在许多企业特别是非公企业，处于维权第一线的基层工会很难代表和维护劳动者的合法权益。如果工会不能有效履行维权的职责，就难以团结带领广大职工群众进行企业的各项建设事业。

毋庸置疑，中国特色社会主义工会维权观的提出令人鼓舞，催人奋进，但要切实指导好维权工作实践，必须进一步提高执行力。因此，必须要给基层工会提供一个切实可行的执行载体和执行手段。另外，贯彻落实中国特色社会主义工会维权观，地方工会一定要在加强工会组织自身建设方面下功夫见成效，特别是要切实加强工会干部队伍建设。因此，要解决基层工会干部的岗位职数，提高他们的综合素质与工作能力。

第三，求真务实、不断奋进是关键环节。工会是工人阶级自己的群众组织，求真务实的工作作风对于工会来说尤其重要。贯彻落实中国特色社会主义工会维权观，各级工会一定要做到求真务实，不断奋进。

贯彻落实中国特色社会主义工会维权观最好的承诺是付诸行动。因此，要抓住机遇干一些实实在在、看得见、摸得着的事情。增强贯彻落实中国特色社会主义工会维权观的实效，最关键的就是要抓住发展社会主义和谐劳动关系这一主线，加强农民工工作，维护农民工权益，解决国有企业下岗职工的社会保险等问题。如此定位的主要目的，就是通过进一步有效维护职工合法权益来激发他们的创造活力。可以说，中国特色社会主义工会维权观的提出，使“维护什么、怎样维护”的问题豁然开朗。

贯彻落实中国特色社会主义工会维权观必须正确处理好五个关系

一是正确处理好促进发展与依法维权的关系。一方面，工会要动员组织广大职工群众发挥工人阶级的主力军作用，有力地促进企业各项工作健康发展。另一方面，要切实履行好自身职责，维护好职工的合法权益，充分调动职工的工作积极性、主动性和创造性。

二是正确处理好统筹兼顾与突出重点的关系。既要突出重点，善于抓住并着力解决主要矛盾或矛盾的主要方面，从而实现重点工作和重点领域的创新和突破。同时，又要兼顾全局，以重点工作的推进，带动其他工作的全面推进，使各项工作和工作的各个方面互相协调、互相促进。

三是正确处理好建立维权机制与解决实际困难和问题的关系。既要高度重视维权机制的建设，强化工会维权工作的规范化、制度化和法制化建设。同时又要致力于抓好制度和机制的贯彻落实，深入基层，深入群众，深入一线切实帮助职工群众解决生产生活中的实际困难和民生问题，更好地维护和实现广大职工的经济、政治、文化和社会权益。

四是正确处理好继承优秀传统与推动发展创新的关系。工会组织只有积极主动地适应变化了的客观实际，才能更好地适应经济社会发展的新形势、新任务对工会工作提出的新要求。因此，要紧紧围绕党委和政府关心的重点、社会各界关注的焦点、职工群众关切的热点、工会工作面临的难点，在进一步继承和发扬工会工作优良传统的基础上，吸收融合，推陈出新，使工会工作更好地体现时代特点，把握客观规律，富于发展创造。

五是正确处理好党政主导与工会运作的关系。当前，要切实推动建立“党委统一领导、政府重视支持、工会牵头运作、部门配合联动、职工有序参与”的社会化维权格局。真正把工会维权工作主动纳入到党政主导的维护群众权益机制当中，牢牢把握好劳动关系的建立、运行、监督、调处等关键环节，积极发挥自身优势，认真履行维权职责，坚持以职工利益为本，主动依法科学维权，充分发挥工会在协调劳动关系、参与和创新社会管理方面的重要作用。

第四章　工会工作必须与时俱进地创新
——创新工会维权工作

创新是推动工会工作永恒的主题。当前，随着社会主义市场经济的不断发展和企业改革的深入推进，工会工作面临着许多新问题、新挑战，工会工作要向前发展，必须不断地进行创新。为此，应打造更有利的维权社会氛围，探索更有效的维权渠道。同时，要着力创新工会的维权重点，在维权方向目标的设定时，增加理性思维。

科学发展观的提出和确立，为工会工作应对新形势、新挑战、新情况，实现新转型、新发展提出了新的更高要求。创新是对旧体制、旧观念、旧模式进行革命性扬弃的过程，是在科学发展观理论的指导下，解放思想，实事求是，研究新情况、解决新问题、形成新认识、指导新实践、求得新发展的过程。在新的历史时期，工会工作要与时俱进，有所突破，有所发展，就必须以创新的理念审时度势，以创新的勇气直面难题，以创新的思维开展工作，以创新的精神开拓未来，在创新中不断推进工会建设。

工会组织维权的对象

1.按照《工会法》总则第六条的规定，维护职工合法权益是工会的基本职责。那么，谁又是维权对象意义上的职工？对此，《工会法》没有明确的界定。随着客观形势的重大变化和经济社会的快速发展，职工队伍的结构发生了相应变化，呈现出一种多元发展态势。因此，需要对职工的概念重新进行界定，也就是说，需要我们从传统意义上的各类企业职工的“小职工”概念过渡为涵盖更多社会群体的“大职工”概念。

一是近年来大量涌入城市从事加工制造、建筑、餐饮、商贸等行业工作的农民工。虽然他们当中绝大多数没有城市户口，同时相当一部分也没有加入工会组织，又多属临时务工。但是，他们的基本生活保障权、劳动保护权等急需维护。

二是非农村户籍的外来务工和创业人员。他们区别于农民工的一个显著特点，就是他们并不都是来自农村，很多是被本地的就业环境、投资环境和生活环境所吸引，从事多种相对固定的工作或具有自身的创业实体。为本地创造财富，在本地缴纳税金。他们与农民工的相应权益也要受到合法保护。

三是城镇下岗职工群体。数量庞大的下岗职工队伍，因企业转制、裁员等政策原因而不是自身能力原因失去工作。近年来，特别是随着在岗职工工资的快速增长和物价指数的不断提高，他们的合理补偿权、就业权、救助权、社会保障权甚至是改革成果分享权更需要维护，也理应成为工会维权的对象之一。

四是大量等待就业的大中专院校毕业生和社会青年、农村潜在的剩余劳动力，他们的就业权、生存权、自主创业权、公平竞争权等也需要维护。

2. 努力营造更有利的维权社会氛围，探索更有效的维权渠道。这主要包括法制性维权、政策性维权、社会化维权、机制化维权等相结合的综合维权体系。当前，要通过采取得力措施，使维权工作由单一的依靠工会组织转向整合社会各方面资源共同抓转变。

一是在法制性维权方面。如果说主动维权属于情感立场及工作态度的范畴，科学维权属于方式方法的范畴，那么，法律作为广泛民意的凝练和代表广大人民群众根本意志的规范性文件，需要不断地进行补充、修改和完善，同时也要出台实施细则，以保证法律的有效实施。作为具体维权操作者的工会组织，最了解职工的真实意愿和维权方面的法律内容，包括实体法和程序法的公正度、执法环境缺失等方面的具体情况。常规性的依法维权工作应不断创新，如通过组建工会律师团、法律援助中心、法律咨询和服务机构、职工维权法庭等服务平台，从而为广大职工群众依法维权提供多方面的有力支撑。

二是在政策性维权方面。政策性维权主要是动员各级地方政府积极参与维权。工会之所以要协助政府工作，维护各级政权组织，成为政权的重要支柱，原因就在于维护全国人民整体利益的根本立场是一致的。但由于工作角度和具体职能的不同，在维护职工合法权益方面有时会出现具体问题上的认识差异和行为差异。因此，应积极建言献策，一方面，要努力使政府出台有利于维护广大职工合法权益的政策、法规。另一方面，要对以往相关政策、法规中不利于维权或侵害职工合法权益的部分提出补充和修正意见。

三是在社会化维权方面。这方面的维权工作，主要是通过工会自身传播媒体或更多地介入地方主流新闻媒体，如开辟维权专题热线，建立工会发言人制度并通过发言人定期或不定期向企业和社会各界发布维权动态和信息；邀请相关部门和法律专家剖析维权案例，解答维权热点问题等。同时，要充分利用职工群众参与国家和社会事务管理的各级地方人大、政协等参政议政高端平台，选拔推荐有威望、有能力、有立场、有胆识，能够真正反映、善于表达职工真实意愿的职工代表和工会干部任代表和委员。这些都是社会化维权的重要渠道和有力措施。

四是在机制化维权方面。这方面的工作，应主要依托工会组织的有力地位和职能优势，依靠创新性的工作和自身协调来实现。在协调劳动关系方面，不断健全和完善劳动争议调解机制和仲裁参与机制以及诉讼代理机制。不断丰富维权经验，提高维权能力和水平，同时，不断探索机制化维权的其他渠道，如建立公共事业部门及相关管理部门公共产品涨价、增加收费等涉及各类职工群体切身利益的工会界职工代表听政制度，健全有关劳动工资、社保医保改革、调整方案的协商制度等，使更多的维权工作能在良性机制下正常运行，更充分地为民为生服务。在这方面，宁夏回族自治区有成功的做法和经验。

宁夏回族自治区总工会建立职工维权形势分析会制度。2010年4月16日，宁夏回族自治区总工会召开全区工会维护职工合法权益形势分析会，这一举措标志着宁夏回族自治区工会维护职工合法权益形势分析会制度正式建立。建立此项制度，有利于及时了解全区维权形势和职工队伍思想动态，为分析研判提供准确的情况和信息，有利于更好地掌握企业裁员、减薪、减福利等关系职工利益的问题。2010年一季度，全区各级帮扶中心共接待处理来访、来电、来信总计1278件。各级帮扶中心对职工反映的问题直接协调解决的904件次，转办86件。

3. 进一步创新工会的维权重点。多年来，工会工作在人们的头脑中形成了这样一种现象，诸如吹拉弹唱、打球照相、健康疗养、慰问走访、布置会场等。工会自身也似乎始终走不出活动工会、会议工会、竞赛评比工会、表彰奖励工会的怪圈。当然，工会组织应根据社会和经济形势发展的需要适时开展一些群众喜闻乐见的文体活动以活跃职工业余生活、调动职工的工作积极性、增强组织的吸引力和凝聚力。但从维权意义上讲，尽管这些会议和活动充分体现了维护职工文化娱乐权、身心健康权等权益，但相对于维护广大职工核心权益的经济权益来讲，只是边缘性的维权。因此，只有找准主业并切实转变工作方式方法，工会才会有大的作为。这就要求，工会维权工作必须调整结构布局，突出工作重点。

一是高度重视调查研究工作。通过细致周密的调研工作，可以对各类职工群体核心权益受侵害的真实情况及企业原因、社会原因、政策原因、法律原因并可能造成的各种后果有一个整体的了解和把握。通过全面的梳理总结，对侵权现象形成完整准确的科学判断，从而确立鲜明的维权立场，确定解决这类问题的有效措施及办法。这也是维权关口前移，避免突发性、群体性事件发生的主动维权工作的迫切需要。同时，也应成为各级工会干部的一项基本功和重要的日常工作。

二是高度重视案件查处工作。工会是职工之家，职工有冤屈找“家长”天经地义，理所当然，工会出面为职工讨回公道也自然是工会工作的重要内容。各级工会组织都应建立健全职工被侵权案件的投诉受理机构，受理各类案件，并通过科学的案件承接规制明确分级办案职责。或者亲自出面调解，或者与相关部门组成联合调查组，或者通过劳动仲裁参与，或者通过诉讼代理的形式直接向法院起诉，区分不同情况，多渠道予以解决。这正是树立提升工会形象、赢得职工信赖的良好方式之一，值得我们投入足够的精力、勇气和胆识。同时，作为一项非常重要的日常工作，应常抓不懈，抓出成效。

三是高度重视促进就业工作。从维权的角度来讲，促进社会充分就业可以说是最大的维权，这也是我国已经加入批准的国际劳工组织八项核心公约中的内容之一，工会理应将其作为一项常态性工作纳入重要议事日程。这方面的工作，不仅要求我们经常组织各类招聘会或通过共同约定行动呼吁企业不裁员，而且更深层次的思路创新还在于为失业、待业群体提供更多的自主创业和自由择业的机会及社会环境，包括为更多的民营企业营造宽松的生存发展环境，因为在这些方面，我国和发达国家相比还有较大差距，如我们的创业成功率还不及美国的10%，民营企业的生存环境也远远不及国有企业。这里都有工会组织发挥作用的广阔空间。

四是高度重视促进社会保障工作。工会组织要对参保率不高，失业和下岗职工无力缴纳各项保险，看病难、就业难、养老难等社会现实有所作为。另外，要吸收借鉴其他发展中国家的一些先进经验，通过开辟和运用多种社会化维权渠道和手段，着力推动实施相对灵活的退体制度、医疗保障制度、缴费补贴制度、地方财政规范化投入制度、保险关系全国统筹制度等，使各类职工特别是一些弱势群体的现实生活困难和后顾之忧得到有效缓解。

五是高度重视促进社会公平工作。对于承担维权任务的工会组织，自然是不能回避的一项重要课题，更应该通过相关维权渠道和参政机制在缩小收入分配的行业差距、地区差距、干群差距，遏制两极分化方面有所作为。从而促进各职工群体的合理分配，体现社会公平正义，赢得更广大职工群体的信任和拥戴。

2009年10月19日，宁夏回族自治区总工会出台了《职工维权帮扶中心救助标准》，并下发到各市、县（区）工会。全区县级以上工会组织均建立职工维权帮扶中心。为规范帮扶救助标准而出台的《职工维权帮扶中心求助标准》，包括生活救助、大病救助、法律援助、金秋助学等方面。生活救助：凡是到帮扶中心申请生活救助的困难职工、下岗失业人员、农民工，经核实符合困难职工条件者（以录入困难职工档案为准），救助金额在500~1000元之内，因天灾人祸造成家庭困难者一次性救助最多不超过2000元。外地困难职工、下岗失业人员、农民工到帮扶中心上访求助者，确因经济困难，难以回家或果腹者，经本人申请，可给予200元困难救助，按照救助程序，由帮扶中心主任审批。大病救助：对长期得病因病致贫者或一次性花费医疗费在6万元以内的给予2000元救助，花费医疗费在10万元以内的重大病患者给予一次性救助3000元；癌症患者长期治疗，累计花费医疗费15万元以内的一次性救助5000元；癌症患者长期治疗，累计花费医疗费20万元以上，家庭十分困难，或情况特殊者，一次性救助1万元。以上大病救助者一年度只能救助一次。法律援助：宁夏回族自治区总工会职工维权帮扶中心法律援助站对上访的困难职工、下岗失业人员、农民工实行免费法律援助，对经核实生活确实困难，符合法律援助条件的困难职工、下岗失业人员、农民工，按照有关规定，对进入司法程序的维权案件一次性给予不超过2000元的救助。金秋助学：确因家庭经济困难，学期中间提出助学申请的困难职工、下岗失业人员、农民工家庭子女，经核实求助申请符合救助条件者，一次性救助最多不超过1000元；助学标准为，凡是考入大专以上的困难职工、下岗失业人员、农民工家庭子女，符合救助条件者，不分区内外院校，一律一次性救助3000元，中专救助2000元。宁夏回族自治区总工会出台的这一惠民政策，对于解决民生问题，促进社会公平正义有着十分重要的意义。

在维权方向目标的设定上，必须要增加理性思维。工会要更好地维权，还需要更多地分析和研究市场规律、经济规律、金融法则、货币政策，更需要有一种哲学头脑和辩证思维。另外，从工会干部队伍的结构上，也应牢固树立尊重人才的理念和创新思维。顺应新时期工会工作的开展需要，我们应多渠道培养和造就一批懂政治、懂经济、懂全局、懂责任的决策咨询专家，一批高素质、高综合能力、具备宏观视角的调研和统计分析专家，一批懂法律，特别是熟悉《经济法》《劳动法》《劳动合同法》《企业法》的资深专家，一批懂理论，包括工会理论、政党理论、分配理论、劳动工资理论等方面的专家，一批懂运筹、有智慧、有立场的谈判专家和社会活动家充实到工会战线或为工会工作提供良好的服务。只有推动人才队伍结构的不断优化，才能有效保证工会维权工作成效的不断提高。但从目前的现状来看，这些还都是我们工作中的短板和需要不断加强、改进的地方，应尽快加以完善和提高。

创新是工会工作永恒的主题

目前，随着社会主义市场经济的深入发展，工会工作面临着一系列新问题和新挑战。当前和今后一个时期，工会工作要向前发展，必须要进行不断创新。

首先，不断创新教育方式。一是要不断创新工作思路。要摆脱“唯书、唯上”的思维定式，努力向“唯实”转变。从“等布置、等指令”转变为从实际情况出发，牢牢把握工作的主动权。要根据单位和职工的实际需要确定工会思想政治工作的思路，力求工作上有独创性、超常性、开放性，使思想政治工作能够不断地适应环境变化的需要。二是要不断创新教育内容。工会思想政治工作要始终围绕单位的中心工作来进行，并将其作为自己的主战场。另外，还要适应中心工作的需要，跟随经济社会变革的步伐，不断注入时代的内容，进一步拓宽服务领域，增加工作职能，把思想政治工作与本单位日常工作、内部改革、机制转换等工作有机结合起来，坚持与单位各个方面工作整体配合，形成综合效应。三是要不断创新教育形式。运用现代科技手段为我们提供的便捷服务，吸收和借鉴相关的科学成果，推动思想政治工作从统一教育向层次教育转变，从单向灌输向自我教育转变，从被动应付向超前预防转变，从单纯说理向结合解决实际工作问题转变。四是要不断创新教育载体。单位文化是新时期加强思想政治工作的有效载体和重要平台，要通过塑造单位的良好形象、加强职工职业道德建设等有效措施，将教育培训、人才培养、创造良好的人文环境等工作有机结合起来，使广大职工在浓郁的文化氛围中得到心灵的陶冶和思想升华。

其次，不断创新服务内容。一是要不断创新活动方式。通过建立宣传栏、书报栏、图书室、文体娱乐活动室以及成立书画、集邮、交谊舞、球队等各种活动小组，运用职工喜闻乐见、切实有效的形式，大力开展丰富多彩的职工文体活动，进一步丰富职工业余文体生活。在增强职工体质的同时，还要增强广大职工对工会组织的凝聚力和向心力。有条件的地方还可以组织职工到东部发达省份甚至国外进行考察学习，以开拓视野、提升能力。二是要切实关心困难职工。对工作和生活上确有困难的职工，工会要经常保持联系，要做困难职工的“第一知情人”“第一报告人”“第一帮助人”，建立健全困难职工档案，尽心尽力地为他们解决实际困难和问题。要特别关注那些下岗、转岗、分流的职工，帮助他们实现再就业。要把职工的安危冷暖放在心上、挂在嘴上，把他们关注的难点和热点问题作为工会工作的重点。要带着深厚的感情、满腔的热忱，密切联系职工，与他们打成一片。要主动深入到困难多的地方去，深入到职工意见多的地方去，深入到基层一线去，真正了解他们的工作和生活状况，准确把握他们的思想脉搏，认真倾听职工的意见和呼声，努力为职工排忧解难。

最后，不断创新维权方式。一是要密切联系职工群众。要认真听取和反映职工的意见和要求，关心职工的生活，努力解决职工的困难和问题，切实做到“哪里有职工，哪里就有工会组织”。针对利益主体多元化和分配方式多样化的新形势，要大力拓展维权领域和渠道，切实做到“哪里有职工被侵权，哪里就有工会来维权”。二是要不断创新维权载体。工会要通过建立困难职工帮扶中心，在困难帮扶、就业援助、信访接待、法律咨询等方面，对困难职工提供“一站式”服务，这既是开展困难职工帮扶的有效载体，也是调解劳动关系矛盾的重要渠道，更是工会维权的常设机构和形象窗口，它能够大大地提高送温暖工程的市场化、社会化程度，提升工会落实对困难职工履行“第一责任人”职责的层次和水平，进一步增强工会维护困难职工和困难群体合法权益的实效。三是要摆正维权位置。工会担负着维护职工合法权益和单位整体利益的重要职能。既要维护职工个人的权益，又要维护单位的整体利益，既要突出维护困难群体的利益，又要兼顾维护其他群体的利益。工会组织是群众的组织，不是权力部门，工会工作没有制约别人的权力，只有为广大职工服务的义务和责任。工会要摆正自己的位置，干好自己的工作，这样才能赢得单位领导的信任和职工的支持，才能在代表职工根本利益方面尽自己的一份责任，这就要求广大工会干部要用新的思维方式和有效的工作措施，拓宽维权渠道，增强维权实效，努力实现好、维护好、发展好广大职工的切身利益，为构建社会主义和谐社会作出应有的贡献。

2011年年底，北京市职工服务（帮扶）中心遇到一件“以前没有办过的事”：一位职工患病手术，需要一种稀有血型血小板，因医院储量不足，打电话到12351职工服务热线求助。找血液应该去血站，怎么找到12351职工服务热线？职工只要有需求找到工会，工会就义不容辞！北京市职工服务（帮扶）中心立即启动12351短信平台，向全市工会会员发出紧急求助短信。短短的4个小时，就发出了25万条短信，找到了符合条件的13名捐献者，远远超出了手术需要的献血者人数。这一件“以前没有办过的事”，让社会见证了北京市工会服务平台的影响力和号召力。这是北京市总工会2011年创新工会工作的一个典型事例。

弘扬“工人伟大、劳动光荣”理念，让“劳动创造幸福”知行合一。2011年4月30日19点30分，一道耀眼夺目的画面震撼全北京城，20多位劳动者的身影和笑容同时出现在北京市包括天安门广场在内的各公共区域近4.5万块电子显示屏幕上。5分钟的短片中，汇集了包括工人、农民、教师、医生、科研人员、社区民警等普通劳动者的工作、生活情景和幸福感言。如此创新并有冲击力地宣传劳动者，在北京市乃至全国都是前所未有的，让人们被这些普通劳动者感动的同时，感悟着“工人伟大、劳动光荣”“劳动幸福”的理念。2011年，在营造崇尚劳动社会氛围的同时，为了更好地发挥工人阶级的主力军作用，建设一支高素质的职工队伍，北京市总工会举办了涵盖32个行业和工种的全市职工职业技能大赛，覆盖职工183万人，参与职工32万余人，参赛职工5.9万人，其中70%的参赛选手来自非公有制企业。他们把比赛和培训相结合，在赛前、赛中、赛后分别对参赛选手进行了有针对性地培训，共举办各类培训班200多场，培训职工8万余人次。

为了使一大批行业技术明星和领军人物脱颖而出，推动职工技术攻关、技术革新、技术推广等活动的深入开展，北京市总工会建立了210个市级职工创新工作室，并制定了《关于进一步做好职工创新工作室工作的意见》和《北京市职工创新工作室管理办法》，以保证职工创新工作室活动的开展。在第六届“海峡两岸职工优秀技术创新成果展”中，北京市推荐的4项职工创新项目均荣获金奖，同时，全市职工创新工作室推荐100余项职工创新成果参加了北京创新发明大赛。

为了大力弘扬工人阶级伟大品格和劳模精神，北京市总工会高标准严要求做好劳模选树工作，提高一线职工、非京籍劳动者及非公有制经济组织职工的比例。2011年，北京市推荐全国五一劳动奖状9个、全国五一劳动奖章37名、全国工人先锋号33个；评选首都劳动奖状60个、首都劳动奖章302名、北京市工人先锋号120个。北京市编制颁布的《北京市“十二五”时期职工发展规划》成为全国首创。《北京市“十二五”时期职工发展规划》把职工就业权、收入权、安全权、保障权、参与权和职业发展权的实现作为衡量职工权益发展状况的重要指标，提出了今后五年北京市职工发展的指导思想、主要目标和重点任务，成为北京市“十二五”规划的重要组成部分。

北京市总工会的这些先进做法和工作创新，不仅有力地维护了职工的合法权益，而且推动了工会工作的不断创新，在工作实践中取得了实实在在的效果。

在践行党的群众路线中创新工会维权工作

根据中央部署，党的群众路线教育实践活动于2013年6月正式启动。在全党深入开展教育实践活动的主要任务是集中解决突出存在的形式主义、官僚主义、享乐主义和奢靡之风的“四风”问题。这是以习近平同志为总书记的党中央坚持党要管党、从严治党的重大决策部署，对保持党的先进性和纯洁性，充分发挥党密切联系群众的政治优势，从而更好地凝聚起实现中华民族伟大复兴中国梦的强大力量，具有十分重大而深远的时代价值和历史意义。

从总体上说，创新工会维权工作必须践行党的群众路线，始终坚持职工群众的主体地位，始终坚持一切为了职工、一切依靠职工的价值取向，牢固树立职工为本的观点，切实增强全心全意为职工服务的意识。

习近平同志在2013年4月28日同全国劳动模范代表座谈时强调指出：“时代在发展，事业在创新，工会工作也要发展、也要创新。”这就集中反映了我们党对新时期工会维权工作寄予的殷切期望，更反映出广大职工群众对工会维权工作充满的热切期盼。因此，工会组织必须从党和国家各项事业发展全局出发，围绕中心、服务大局，以改革创新的精神切实履行好工会的维权职能。

我们说，创新工会维权工作必须践行党的群众路线，深入基层、深入一线、深入实际、深入广大职工群众，通过面对面的调查研究、心贴心的情感交流，准确把握职工群众的所思所想、所需所求，审时度势，科学分析和准确判断创新的方向和切入点，为工会维权工作的创新发展不断注入源头活水。

只有践行党的群众路线，才能不断增强推动工会维权工作创新发展的责任感和使命感；只有践行党的群众路线，才能准确把握推动工会维权工作创新发展的正确方向；只有践行党的群众路线，才能努力造就一支推动工会维权工作创新发展的生力军。

我们看到，近年来，各级工会坚持以做好职工维权工作为重点，着力加强自身建设，切实转变作风，深入开展“面对面、心贴心、实打实服务职工在基层”活动，不断创新职工维权理念，强化职工维权措施，提升职工维权工作水平，在实践中取得了较好的成绩，得到了各级党委、政府和广大职工群众的广泛认可和良好赞誉。但同时，我们应该清醒地认识到，工会维权工作还不同程度地存在一些问题。这些问题依然影响着工会工作、损害着工会形象、疏远着工会与职工的距离。因此，要转变工作作风，创新维权工作，树立良好形象，密切工会与职工群众的血肉联系。

工会组织开展群众路线教育实践活动的根本目的，就是要通过一系列行之有效的举措，让工会干部特别是党员领导干部加深对工会性质和作用的理解和把握，深刻剖析在践行党的群众路线中存在的突出问题，摆正同职工群众的关系；就是要借助鲜活而有效的活动载体，让工会干部深入企业，深入职工，走基层、接地气、转作风，始终与职工群众心连心；就是要总结实践活动中的先进经验和有效做法，进一步加强制度建设、作风建设，将深入基层、走进职工固化为工会党员干部的常态行为。因此，各级工会要以党的十八大精神为指导，认真贯彻落实中国特色社会主义工会维权观，创新理念，采取措施，不断提升维权工作的层次和水平。

一要认真践行先进理念。具体包括：践行依法理念，推进维权工作法制化；践行主动理念，促进维权工作经常化；践行科学理念，突出维权工作的针对性；践行发展理念，扩大维权工作的覆盖面和影响力；践行和谐理念，增强维权工作的凝聚力；践行服务理念，提升维权工作的实效性。

二要切实强化政治和业务学习。工会工作者是思想工作者，首先应该具有坚定的政治方向和高尚的道德情操。所以，工会干部必须坚持参加政治和业务学习，不断提高自身的思想政治素质，以适应新形势下开展工会维权工作的现实需要。当前，随着社会主义市场经济的快速发展，工会维权工作领域更加广阔、工作对象更加复杂、工作内容更加丰富、工作方式更加多样，这些都对工会干部的理论素养、业务水平、知识结构、工作方法、应变能力提出了新的更高的要求。因此，工会干部必须适应新形势、新任务，注重积累与所承担的维权工作相适应的专业知识和工作经验，不断提升善于发现问题、研究问题、分析问题、解决问题的能力和水平。

三要大力加强调查研究工作。广大职工群众关注的难点、热点问题，其实就是工会开展维权工作的重点内容。只有正确把握职工群众的思想脉搏，及时反映职工群众的呼声和要求，才能取得职工群众的信任。要让职工群众真正感受到工会是“职工之家”，工会干部是最可信赖的“娘家人”，唯一的路径就是每一名工会干部沉下身子深入基层调查研究，低下身子倾听群众呼声，放下架子走进广大职工群众中去。因此，工会干部要多深入基层，倾听职工群众的呼声和建议，细心体察职工的情绪，广开言路，集思广益，从而真正做到“权为民所用，情为民所系，利为民所谋”。

四要真正转变工作作风。作风建设是否朴实、深入、民主、廉洁，是衡量一个干部作风硬不硬的根本标准。工会干部要代表和维护好广大职工群众的合法权益，就必须体察民情，了解民意，坚持深入基层、密切联系群众的工作作风。作为工会干部，一定要转变工作作风，深入到基层一线，深入到班组，深入到职工群众，深入到困难和问题多的地方，抓住典型，突出重点，积极帮助他们解决实际困难和问题，在服务基层和职工的广阔空间中促进广大工会干部破除行政化、机关化的倾向，切实解决形式主义、官僚主义、享乐主义和奢靡之风。只有这样，才能不断提升工会的良好形象，切实体现工会的积极作为，充分发挥工会干部的重要作用。

五要逐步增强党的群众组织对职工群众的吸引力。工会维权工作的本质就是做职工群众工作，这也是党的群众路线的重要组成部分。工会要把对党负责更多地体现在联系职工、服务职工方面，通过维护好职工群众的合法权益，进一步增强党的群众组织对广大职工的吸引力、凝聚力和向心力，真正把职工群众紧密团结到党的周围。工会要履行好党赋予工会的神圣职责，就需要把工会维权工作深深根植于职工群众中，主动把工会维权工作融入到改革发展稳定大局中，以改革的姿态、务实的精神和创新的勇气应对复杂矛盾和严峻挑战，找准党政所盼、工会所能、社会所需的结合点，充分发挥工会组织独特的组织和维权优势，积极主动地去探索思考、创新实践。工会要根据党委和政府的要求、困难职工的需求、社会和谐的需要，维护职工合法权益、促进社会大局和谐稳定。

六要不断满足职工群众日益多元化的需求。要把职工维权工作做深、做细、做实，不断满足职工群众日益多元化的需求。要广泛深入地开展服务职工在基层活动，把更多的工作精力、优惠政策向基层倾斜，努力为职工提供多层次、全方位的优质服务，使职工真正感受到党和政府以及工会组织的关怀。要建立和完善服务广大职工群众的长效工作机制，健全完善联系职工制度、下基层调研制度、联系点制度、为职工办实事制度以及帮扶救助制度等，促使服务职工活动常态化、制度化。要帮助职工解决权益维护中遇到的困难和问题，把服务职工的过程变成维护职工权益的过程，变成推动工会维权工作创新发展的过程，变成工会组织和工会干部为职工维权服务的一种自觉行动。

七要有效激发基层工会干部的创新活力。创新工会维权工作的沃土在基层，重点也在基层。基层工会的实践创新是工会维权工作创新发展的内在动力。基层工会工作者的道德素养、文化素质、思想觉悟、服务意识等都是决定工会维权工作创新的重要条件。践行党的群众路线，就是要深入基层接地气，转变作风长本领，进一步增强工会干部对一线职工的深厚感情，从而更好地团结带领广大职工在坚持中国道路、弘扬中国精神、凝聚中国力量上发挥主力军作用。

第五章　让工会维权看得见

——工会应努力维护职工合法权益

■工会是我们党领导下的工人阶级群众组织。工会必须下大力气，提升维权能力，既要敢于维权，也要善于维权、依法维权。当然，依法维权，学法懂法是基础，运用法律是关键。工会要严格按照法律法规的要求，切实维护职工的健康权益、劳动就业权益、经济权益、民主政治权益，同时还要不断健全完善保障职工权益的机制。

2013年10月23日，习近平同志同中华全国总工会新一届领导班子成员集体谈话时指出："保障职工群众经济、政治、文化、社会权益是我国社会主义制度的根本要求，是党和国家的神圣职责，也是发挥广大职工群众积极性、主动性、创造性最重要、最基础的工作。工会要赢得职工群众信赖和支持，必须做好维护职工群众切身利益工作，促进社会公平正义。"当前，我国正处于全面建成小康社会，加快实现社会主义现代化进程的关键时期。工会作为党领导下的工人阶级群众组织，必须要坚持贯彻落实科学发展观，牢固树立中国特色社会主义工会维权观，通过加强维权能力建设，努力创新维权方式方法，切实维护职工合法权益，不断巩固和加强工人阶级的主人翁地位，充分调动和发挥广大职工的积极性与创造性，是新时期工会工作需要认真面对并不断加以解决的新课题。

工会既要敢于维权，也要善于维权

敢于维权，是一个十分重要的思想政治问题。刘少奇同志曾经说过："工人加入工会的目的很简单，就是要寻求利益上的保护。"职工会员是工会工作的对象，是工会组织存在和发展的基础，当职工的合法利益受到侵害而得不到保护时，工会"职工之家"的性质乃至工会存在的必要性都会受到质疑。因此，切实维护职工合法权益不只是简单的“组织代言”，而是切实加强工会自身建设、有效保持工会持久生命力和不断巩固组织权益的必然选择。当职工的合法权益受到威胁的时候，我们就应该多一点焦虑和不安、多一份维权的责任和自信，真正把职工的呼声当作第一信号，把职工的需求当作第一标准来认真做好各项工作。

善于维权，就是要通过有效的方式方法和合适的路径去努力实现职工合法利益的最大化。毛泽东同志曾经提出“政策和策略是党的生命”，我们也可以这样说，政策和策略同样也是工会维权的生命。如果不讲政策，方法生硬，就会丧失原则，工会为职工说话就没有底气，为职工办事就没有依据。如果不讲策略，头脑简单，方法生硬，就会得不到领导和职工的理解和支持。因此，我们说善于维权，就是要把讲政策和讲策略有机统一起来，把原则性和灵活性有机结合起来，努力达到有效维权的目的。所以，要正确引导职工处理好个人具体利益和企业整体利益的关系，让职工明白“大河有水小河满”的道理，从而自觉服从服务于单位的中心工作，以企业安全稳定发展的大利益确保职工具体利益的实现。

目前，面对大量的困难和矛盾，我们维权的过程是艰辛的维权，为职工说话办事，最需要的就是激情、胆识和智慧。最重要的，就是要做到敢于维权、善于维权和依法维权。

工会维权必须提升维权能力

在现实中，进一步加强维权能力建设有利于工会履行维权的职责和义务。工会的主要任务是维护劳动者最直接、最现实、最关心、最切身的各种利益问题。新中国成立以来，我们党的历代领导人都对工会的维权工作给予了高度重视和大力支持。毛泽东同志指出，工会是保护工人利益的堡垒。邓小平同志认为，工会是工人自己的组织，是工人信得过、能替工人说话和办事的组织。江泽民同志强调，工会肩负着维护职工群众合法权益的基本职责。胡锦涛同志提出，要切实把表达和维护广大职工群众的利益作为一切工会工作的出发点和落脚点。习近平同志指出，工会工作要顺应时代要求，适应社会变化，善于创造科学有效的方法，把竭诚为职工群众服务作为工会一切工作的出发点和落脚点，全心全意为广大职工群众服务，让职工群众真正感受到工会是“职工之家”，工会干部是最可信赖的“娘家人”。这些精辟的论述，都深刻地阐述和揭示了工会的性质和使命。

在现实中，加强维权能力建设也有利于牢固树立中国特色社会主义工会维权观。中国特色社会主义工会维权观是工会维权工作的根本宗旨、重要原则、核心理念、途径方式等的集中体现，事关工会维权工作的性质、方向和成效。因此，必须要坚持“以职工为本，主动依法科学维权”的中国特色社会主义工会维权观为指导，大力加强维权能力建设。

一方面，要坚持把“以职工为本”作为工会维权工作的核心要素，不断丰富维护职工权益的内容。就是要以实现职工的全面发展为根本目标，不断满足广大职工日益增长的物质文化需要，切实保障职工群众的政治、经济、文化权益,让改革发展的成果惠及全体职工；就是要坚持把职工群众的利益作为工会一切工作的出发点和落脚点，一切为了职工，一切依靠职工，一切服务职工。

另一方面，要坚持把“主动依法科学维权”作为工会维权工作必须遵循的重要原则，不断提高维权工作的能力和水平。在主动维权方面，要进一步增强责任意识、大局意识，有超前的预见和积极的作为。在依法维权方面，主要强调进一步增强法制观念，善于运用法治思维和法治方式，通过理性合法的途径和方式，依法规范维权行为。在科学维权方面，就是要从工会维权的实际情况和时代特点出发，坚持用科学理论指导维权工作，用科学的态度协调维权工作，用科学的方法推进维权工作，更好地做到推进改革开放、促进企业发展和实现职工利益的有机统一，做到职工利益实现与经济社会发展水平相适应，把维权工作贯穿于推动改革、促进发展、积极参与、大力帮扶的全过程，使工会维权工作沿着正确的方向不断健康发展。

依法维权，学法懂法是基础，运用法律是关键

《劳动合同法》《劳动争议调解仲裁法》《带薪休假条例》《就业促进法》等一系列法律法规的实施，一度成为人们关注的民生焦点。工会干部对相关法律的维权效能和工会组织的权利义务一定要真学牢记，做到心中有数。

比如说，工会干部一定要知道《就业促进法》是保障员工就业权利的法律，《劳动合同法》是规范用人单位与劳动者权利义务的法律，《劳动争议调解仲裁法》是落实这些权利、定纷止争的程序性法律等方面的基本法律知识。

再比如，工会干部要了解《劳动争议调解仲裁法》是《企业劳动争议处理条例》的发展和延伸，明白《劳动争议调解仲裁法》比《企业劳动争议处理条例》的维权效果更为直接和有效：一是维权周期进一步缩短。对于工资类争议，《企业劳动争议处理条例》实行“一裁两审制”，而《劳动争议调解仲裁法》实行“一裁终局制”，诉讼周期相应缩短。二是维权效率进一步提高。《劳动争议调解仲裁法》赋予了调解协议以法律文书的效力，不执行调解协议可以强制执行，避免了重复劳动。三是维权成本进一步降低。《劳动争议调解仲裁法》实行弹性的处理机制，不收取职工诉讼费用，而且规定了严格的处理时限，职工维权“等不起”的问题将会得到大大改变。四是维权机制进一步完善。《劳动争议调解仲裁法》详细规定了工会组织在维权中的功能、定位和职责，给予工会履行

维权职责以更大的制度空间。

切实维护职工的健康权益

健康权益包括生理健康和心理健康两个方面的基本内容。职工的身体健康权就是职工在劳动过程中享有免遭职业危害的侵袭，确保身体健康的权利。心理健康权就是职工享有愉快地工作的权利。身心健康权是职工实现其他各项权益的前提，没有良好的身心健康其他权益都无从谈起。

比如，河北省、保定市总工会维护受伤农民工吴景伟的权益。2010年5月12日晚8时许，在保定新市区“金鹏天鹅湾”住宅小区10号楼工地，外用施工电梯司机吴景伟，在电梯基坑维修时，有人擅自开动电梯升顶，约6吨重的配重铁块落下，重重地压在了吴景伟的后背上，他当时就失去了知觉。事故处理涉及建筑商保定东兴建设有限责任公司，承包10楼工地的赵某及与赵某订立设备租赁协议的某建筑设备租赁站的业主苑某、实际经营人金某。吴景伟申请确认与东兴公司存在劳动关系，败诉；申请确认与某建筑设备租赁站存在劳动关系，经过“一裁两审”，均败诉；主张健康权纠纷，上述四方侵权为被告诉至法院，一审法院判决东兴公司和某建筑设备租赁站共同承担赔偿责任，二审予以维持。河北省总工会和保定市总工会还先后安排3个律师，6次提供法律援助，帮他打赢了维权官司。至2011年11月，河北省总工会党组书记、常务副主席栗建华批示过的“受伤农民工吴景伟受伤维权”一案取得阶段性胜利。可见，河北省、保定市总工会为农民工吴景伟打赢了官司，这就很好地维护了农民工吴景伟的健康权益。

工会的基本职责是维护职工的合法权益，这句话说起来容易做起来却很难。一难是职工就业时，未签订劳动合同，举证难导致维权难；二难是职工权利规定得非常笼统，不具有可操作性；三难是建筑领域乱象丛生多年，有关行政部门重罚款，未能规范建筑领域的秩序。此案最大的典型意义在于，在工伤赔偿走不通的情况下，开辟了通过安全生产事故责任认定结论来确定健康权损害赔偿的新路子。

还比如，宁夏法律援助中心与工会携手为受伤困难职工维权。2009年5月12日，石嘴山市某煤矿排渣车前桥断裂，矿长违章操作，用挖掘机将排渣车拉出，让工人刘某站在挖掘机的铲斗上挂好钢丝绳并按住，挖掘机的铲斗在抬升过程中，钢丝绳滑落，将刘某打昏。经医院确诊为闭合性腹部损伤、多发肠膜破裂、多发肠系膜破裂、多发软组织挫伤、急性化脓性胆囊炎，先后做了大、小肠切除手术、胆囊切除手术。这场突如其来的灾难给刘某的身体和精神带来了巨大的痛苦，也让这个本来就贫穷的家庭雪上加霜。

刘某在医院进行了两次手术后，该煤矿不再承担任何费用，无钱继续治疗只好回家养伤。由于没有得到很好地定期治疗，造成“乙状结肠瘘”，需要再次进行手术治疗。陷入绝境的刘某根本无力支付巨额的手术费用，无助的他到石嘴山市法律援助中心寻求帮助。法律援助中心当天受理了此案，立即指派援助律师闫雪萍承办此案。

对于刘某来说，当务之急是进行再次手术，防止病情继续恶化或出现其他并发症。而由于诉讼过程较长，可能延误治疗的最佳时机，援助律师前往煤矿与该工程承包人协商，向矿方讲明了煤矿应承担的责任及延误治疗可能带来的严重后果。在律师的建议下，煤矿最终同意先行支付2万元手术费用，将刘某送往医院治疗。在法律援助中心的帮助下，刘某成功进行了手术治疗。治愈出院的刘某又面临一个新的难题，要解决赔偿问题，首先要确定伤残等级，为治疗已经花去全部费用的他无力再支付鉴定费用。石嘴山市总工会困难职工帮扶中心为刘某支付了620元的司法鉴定费用，使鉴定得以顺利进行，经司法鉴定中心评定：刘某为七级伤残。

伤愈出院后的刘某，在赔偿问题上与矿方由于分歧较大，未能达成赔偿协议。援助律师帮助刘某将该煤矿及承包人诉至法院，最终在人民法院的调解下，2010年1月15日，双方达成赔偿协议，由煤矿及承包人一次性赔偿刘某医疗费、伤残补助费、一次性医疗补助金和就业补助金等共计133000元。

由于法律援助中心工作人员提供了高效优质的法律服务，使受援人刘某得到了及时治疗，防止了病情的进一步恶化。工会组织伸出援手，解决了刘某无力交纳鉴定费的难题，在法律援助、工会的共同努力下，刘某重新拥有了健康的身体，并且获得了合理的赔偿，维护了自身的合法权益。这些活生生的案例充分说明，工会在维护职工的健康权益方面可以大有作为。

切实维护职工的劳动就业权益

从一定意义上来说，维护职工劳动就业权益是维护企业整体利益和职工具体利益的基本契合点。因此，要把维护职工生存权益放到经济社会发展大局中去谋划、去统筹，以切实提高职工上岗能力为根本，以指导帮助职工规范签订劳动合同和协调劳资双方自觉履约为重点，切实保障好、实现好、维护好职工的劳动就业权益。

切实维护职工的经济权益

经济权益，就是职工享有根据劳动分配等原则取得合法物质报酬的权利，包括劳动分配、工作时间、休息休假、劳动安全卫生、保险福利、职工培训、劳动纪律和定额管理等。经济权益在职工的各项权益中居于十分重要而特殊的地位，如果经济权益落不到实处，其他权益的实现也就失去了物质基础。如何与企业共同协商切实解决好职工休息休假、待遇兑现、加班工资补偿、部分劳务派遣用工与全民工混岗使用，同工不同酬等突出问题；如何与企业共同探索建立健全签订单项集体合同制度，提高集体合同履约效能；如何与企业共同研究建立健全职工工资正常增长机制等，都是工会组织维权工作中必须面对的并且是不容忽视的重要问题。

切实维护职工的民主政治权益

享有广泛的民主政治权益是职工作为社会主义国家主人的重要表现。在企业中，职工的民主政治权益就是对企业事务依法进行民主参与、民主决策、民主管理和民主监督的权利。通过企业职工代表大会和厂务公开等有效形式行使的民主管理权利，是劳动者当家做主的权利在用人单位的集中体现。维护职工的民主政治权益，要求我们一定要站在推进企业持续健康发展的高度来正确认识和把握，通过工会组织这一桥梁纽带把职工的热切期望和企业的希望紧密地连接起来，千万不能出现维护职工权益“说错话、坐错位、带错路”的被动局面。因此，工会一定要准确领会企业的发展战略，在为企业培养输送高素质管理人才上多下功夫，这就是对职工、对企业发展战略上的维护，也是更高层次的维护。

健全完善保障职工权益方面的机制

一要完善党政主导的职工维权机制。在社会主义制度条件下，企业、企业职工的利益在根本上是一致的，企业发展说到底是为了解决民生，是为了维护好广大职工的生存发展权益。而职工个人的发展，是支持企业持续健康发展的重要基石和不竭动力。企业和职工是一个利益共同体，彼此依存，荣辱与共，不可分割。实现好、维护好、发展好广大职工的合法权益，就必须建立并完善以党政为主导的职工维权机制。实践证明，工会维权工作只有在党政的主导下，方向才明，力度才大，舞台才宽，效果才好。因此，工会要在党政主导的维权机制中进一步明确工作定位，落实工作职责，积极发挥作用。

二要完善分类维护机制。维权工作要真正落实到职工个人，就产生了因人维护的问题。人与人之间存在着各种各样的差异，人与人之间的文化差异、收入差异、体质差异、年龄差异等，就构成了被维护对象诉求的不同。因此，致力于构建分类维护机制，是维护好职工个性需求的必然要求。完善分类维权机制，就是要按照党的十八大报告提出的学有所教、劳有所得、病有所医、老有所养、住有所居要求，用保障人的权利、满足人的各方面需求和促进人的全面发展来引领和指导维权工作。全面准确地把握职工的诉求预期，把职工最关心的问题摆到重要位置，用最现实、最具体的方式进行解决。维护职工的合法权益，就是要提高认识，细化工作，为职工提供多层次、多方位的诉求调处体系。

三要建立企业目标考核机制。在维权机制的整个运行链条中，目标考核机制是能够起到激励杠杆、经济杠杆、行政杠杆等多种作用的重要一环，从制度层面上来说，建立一个目标合理、责任明确、操作可行的考核机制，关系职工权益的有效维护。因此，要把职工民主权益、经济权益和政治权益纳入企业文化建设的大框架中加以统筹考虑，把职工权益的实现和维护作为推进企业文化建设的重要目标。

第六章 担当起职工利益代表者的角色

——发挥工会维权作用，参与创新社会治理

社会治理，说到底是对人的治理和服务，涉及广大人民群众的切身利益。工会作为社会组织也是参与社会治理的主体之一。应结合当前实际，参与创新社会治理，积极探索参与创新社会治理的新路径，进一步发挥其在经济建设、社会建设中的职能作用，找准参与创新社会治理的新路子、好路子。

胡锦涛同志于2011年2月19日在中央党校举办的省部级主要领导干部社会管理及其创新专题研讨班上，针对加强和创新社会管理工作作出了十分深刻的阐述。他强调："社会管理，说到底是对人的管理和服务，涉及广大人民群众利益，必须始终坚持以人为本、执政为民，切实贯彻党的全心全意为人民服务的根本宗旨，不断实现好、维护好、发展好最广大人民根本利益。"他还特别指出："要坚持思想上尊重群众、感情上贴近群众、工作上依靠群众，把群众满意不满意作为加强和创新社会管理的出发点和落脚点。"党的十八大报告也明确指出："必须从维护最广大人民根本利益的高度，加快健全基本公共服务体系，加强和创新社会管理，推动社会主义和谐社会建设。"习近平同志指出："人民对美好生活的向往，就是我们的奋斗目标。"这个目标能否实现，社会管理创新所达到的程度是关键因素之一。党的十八届三中全会指出："创新社会治理，必须着眼于维护最广大人民根本利益，最大限度增加和谐因素，增强社会发展活力，提高社会治理水平，全面推进平安中国建设，维护国家安全，确保人民安居乐业、社会安定有序。"党的十八届三中全会将社会管理发展为社会治理，适应了我国新时期的新特点和人民群众的新要求。工会要进一步发挥其在经济建设、社会建设中的职能作用，找准参与社会治理创新的新路子、好路子，全面履行好自身的各项职能。

工会应该履行好维护工人群众利益的职能

我国工会是在中国共产党的领导下，由工人群众自愿结合的工人阶级团体组织。这一性质赋予其维护工人群众权益，教育组织工人努力建设社会主义各项事业的神圣职责。《工会法》总则第六条规定："工会通过平等协商和集体合同制度，协调劳动关系，维护企业职工劳动权益。"职工的心是企业之根，工会与工人的关系是鱼水关系，水养鱼，鱼活水。工会是党联系职工群众的桥梁和纽带，工会理应保障工人群众基本的知情权、参与权、表达权、监督权，代表职工群众的根本利益，反映职工群众的心声，维护职工群众的合法权益，关心职工群众的生存与发展。有效的社会治理是维护职工利益的必然要求，也是职工利益得以切实保障的内在需要。新形势下，参与创新社会治理工作是工会组织的重要工作之一。

工会在创新社会治理工作中应该准确定位

在创新社会治理工作中，党和政府无疑发挥着非常重要的作用。工会作为社会组织也应该是参与社会治理的重要主体之一。其定位一定要明确：以具体参与的身份协助政府，与政府良性互动，定期或不定期向政府汇报工作。承担政府交办的社会事务，保障职工享有合法的权利，履行法定的义务。做好自己独立的工作任务，不干涉其他社会组织的社会事务，与其他社会组织保持协同合作，建立互补共赢的良性关系。建立健全社会利益协调机制，把不同利益群体之间的矛盾减少到最低程度，努力营造和谐稳定的社会治理环境和氛围。

工会维权职能发挥和参与创新社会治理的现状及目标

随着社会主义市场经济的发展和多元化市场结构的逐步形成，社会利益关系的调整也逐渐趋向健康、多元的发展态势。但由于在这一转型的剧变期，历史上和现实生活中长期积累的深层次矛盾和问题也逐渐凸现出来。利益的均衡、矛盾的化解、关系的协调还有待于各种社会力量的共同努力和不断推进。目前，在我国，工会的维权职能并没有得到充分和有效地发挥，工人群众应该享有的一些权益还没有完全得到维护，这就导致了在相当一部分人的心目中，工会只是一个组织文体活动的可有可无的组织。相对于西方工会独立发挥作用，解决劳资矛盾，调整工资福利待遇，改善工作条件，我国的工会在维权行为和成果方面存在的一些凸显的问题亟待解决。

近两年来的富士康连续坠楼事件就深刻地反映了目前劳资关系方面存在的问题，同时也折射出了工会维权责任的缺失。我们可以看出，富士康的管理模式，比较重视硬性制度，缺少人文关怀，缺少情感关照。一线员工仅仅是机械地重复作业，和工友交流的机会比较少。并且工会没有严格按照《劳动法》的规定保障员工的合法权益，致使工会应有的作用没有得到很好地发挥，形同虚设。员工的合法权益没有得到切实保障，这就必然引起强烈不满，甚至发生悲剧。

如果我们透过现象看本质，应该引起我们足够重视的是，很多企业的工会不能摆脱对行政的依附，没有一定的独立性。这就使工会活动缺乏活力和创造性，沟通作用成为一句空话，得不到职工的信赖和认同。此外，现行《工会法》的组建程序中，独立经费和权力来源得不到有效的法律支持和监督。这样就无法实现劳资关系的博弈制衡。没有稳定和谐的劳资关系，没有实实在在的权益获得，没有和谐融洽的企业环境，创新社会治理也必然成为一句空话。

面对这一系列新的形势和任务，在创新社会治理工作方面，必须要按照党的十八大报告的要求和党的十八届三中全会的部署，坚持系统治理，加强党委领导，发挥政府主导作用，鼓动和支持社会各方面参与，实现政府治理和社会自我调节，居民自治良性互动。企业一定要摒弃落后的不符合时代发展要求的治理模式和思想观念。企业在追求利益最大化的同时，还必须时刻关注利益的分享与惠及。企业的管理人员与员工一道严格遵守法律法规，遵守社会公德、职业道德、家庭美德、个人品德，恪守商业道德，诚实守信，自觉接受政府和社会公众的监督。

工会在参与创新社会治理方面，应该以实现财富共享，利益与义务的均衡为目标，自觉接受广大人民群众的监督和考评。充分发挥职能优势，提高工会在工人群众中的公信力、号召力和影响力。从纵向和横向上合理延伸工会的维权职能和职责，使工作成果惠及最广大的工人群众，照顾到企业的方方面面，使工会真正成为创新社会治理的最好载体。

工会应结合实际，积极探索参与创新社会治理的途径

改革开放30多年以来，我国经济社会领域发生了翻天覆地的变化，利益主体、社会结构、思想形态也日趋多样化、复杂化，这些重大的发展变化都给工会工作带来了前所未有的机遇和挑战。新的历史时期，工会工作如何从经济社会发展的实际情况出发，进一步解放思想，求真务实，大力加强维权机制建设，扎实有效地把维护职工合法权益贯穿于工会工作的各个方面、各个领域，非常值得我们认真研究。充分发挥工会组织参与创新社会治理的重要作用，就要发挥工会组织协调社会利益关系的作用，与时俱进地做好工会维权工作，实现“两大转变”，处理“三大关系”。

第一，必须实现由被动维权向主动维权的转变。过去一个历史时期，由于种种原因，工会组织的维权工作大多处于被动维权的状态，往往是等到侵权事件发生以后才被动应对，这样不但增加了维权工作的难度，而且还增加了维权工作的成本。在新形势下，工会组织要不断提高维

权工作水平，就必须努力改变过去那种被动维权的状态，进一步加强对职工权益维护中出现的新情况、新问题、新趋势的研究，积极主动地深入基层一线了解职工的利益诉求和思想动态，并通过职工代表大会、职工恳谈会等各种平台和载体集中反映职工的合理合法诉求，提高维权效率，有效维护职工的合法权益。特别是对有可能引发群体性事件和影响社会大局和谐稳定的苗头性问题，必须在第一时间介入，协助有关方面及时解决问题、化解矛盾、稳护稳定。

第二，必须实现由依靠行政维权向依法维权的转变。在新的形势下，依法治国、建设社会主义法治国家的治国方略越来越深入人心，中国特色社会主义法律体系已经基本形成，依法维权的必要性和有效性日趋显现。依法维权就是要以法律为依据帮助劳动者维护其合法权益，使工会组织真正发挥其劳动关系“稳压器”与“调节阀”的重要作用，从管理转向服务，从依靠行政维权转向依法维权。工会组织要彻底改变过去那种仅仅靠会议、靠文件、靠活动的习惯思维和工作方式，进一步提高依法维权的意识和能力，对侵犯职工合法权益的各种事件，要敢于反映，敢于抵制，敢于运用法律法规的武器来解决问题。

切实维护职工的合法权益，妥善解决和处理企业与职工之间的劳动矛盾，促进企业与职工关系的和谐发展，还必须处理好“三大关系”。

首先，必须处理好整体维权与个体维权之间的关系。过去相当长的一段历史时期，工会的维权工作大多关注职工整体利益的维护。在当前的新形势下，特别是在党和政府对民生问题日益关注和重视的形势下，工会组织必须敢于也要善于面对不同群体的职工和每个职工的利益诉求，全面强化维权工作，着力提升维权水平。工会组织必须把维护整体职工的权益和维护个体的利益有机结合起来，在整体上维护广大职工群众合法权益的同时，更要充分关注和重视维护每个职工的合法权益，使工会的维权工作落实到每个职工的身上，让每一位职工感受到企业大家庭的温暖，从而进一步增强职工群众对工会组织的归属感和认同感。新时期的工会维权工作是全方位立体式的维权。维权内容不再是单方面的权益或某些具体的福利，而是涉及职工权益的方方面面、各个领域，包括劳动经济权益、身心健康权益、民主政治权利、精神文化权益和社会权益，但针对不同的职工突出维护的权益重点不同，需要工会组织予以科学归类，明确不同人员在不同时期的工作重点，以便科学应对，力求取得实效。

其次，必须处理好系统内维权与社会化维权之间的关系。工会是职工合法利益的代表者和维护者。工会的性质和任务就决定了工会所拥有的经济、法律、行政等方面的资源是比较有限的，手段也不够有力。在新形势下，工会组织必须跳出内部自我循环的圈子，加强与社会各界以及党委政府各部门的配合与沟通，充分整合和利用维护劳动者合法权益的社会各方资源和力量，充分发挥我国工会的政治优势和组织优势，逐步形成“党委领导、政府重视、各方支持、工会运行、职工参与”的社会化的合力维权格局，实现维权工作的资源共享、信息互通、工作互动、优势互补，有效化解劳资矛盾，努力促进社会大局和谐稳定。如对《劳动合同法》的贯彻实施，工会可以与劳动执法部门通力合作、密切配合，特别是切实维护好劳动者劳资方面的合法权益。

最后，必须处理好程序维权与实体维权之间的关系。这就需要各级工会组织建立健全相应的民主管理机制、利益协调机制、权益保障机制等制度体系，从程序上、整体上维护职工的合法权益。同时，还需要注重各种切合实际的维权载体的建设，通过设立职工法律援助工作站、职工权益保障服务中心等各种服务机构，为职工提供各种具体的维权服务，有效化解职工的各种困难与问题。通过这些刚性与柔性相结合的机制建设，有效协调劳资矛盾。同时，我们不要仅仅停留在靠经验、凭感觉的维权工作阶段，应积极地把有关学科的理论知识、实践经验与服务技术引入工会维权工作当中，如社会工作、社会保障、心理咨询与辅导、社团管理等学科，更好地为维权工作对象服务，真正使工会维权工作符合我国国情，彰显独特优势，真正受到广大职工群众的欢迎和支持。

在全面建设社会主义和谐社会的历史进程中，工会参与创新社会治理必须要担当起职工利益代表者的角色，切实维护职工的合法权益，促进社会公平公正，在提高社会治理水平过程中，积极发挥工会组织作为党联系职工群众的桥梁和纽带作用，为创新社会治理作出新的更大的贡献。

充分发挥工会维权职能，积极参与创新社会治理

其一，工会要坚持以人为本，从观念上将维权工作进一步点活。工会要牢固树立“共建共享”的理念，在服务于企业谋求利润最大化的同时，必须站在广大劳动者的立场上，想工人之所想，急工人之所急。在这一理念的正确指导下，建立健全促进劳动关系和谐发展的相关体制机制。真正做到尊重劳动，尊重创造，给广大职工以人文关怀。管理者要心系职工，服务职工，勇于维护，敢于承担。在权益得以实际维护的基础上，才有可能取得社会治理方面的创新成果。

其二，建立健全系统的工会维权体制机制及工作制度、工作程序，增强参与创新社会治理的能力和水平。

（1）从法律上明确工会的独立地位。如果工会不能摆脱依附于企业管理者的现状，就不可能平衡制约不同生产要素之间的利益关系，也不可能真正维护劳动者的合法权益，更不可能构建和谐稳定的劳动关系。因此，必须从企业职工劳动合同、工资待遇、劳动安全、社会保险、争议处理、民主治理等方面完善现行的法律法规及政策。

（2）密切关注职工的思想动态，强化职工代表大会的职能，实行厂务公开。定期或不定期召开职工座谈会，进行问卷调查，正确引导职工合理合法地表达自己的诉求，维护合理利益，及时反映广大职工的心声。选举职工代表，监督企业的行为决策，积极参与社会监督管理。把

积极参与社会治理创新作为服务职工的重要渠道，切实以职工的安危冷暖作为创新社会治理的指南。

（3）切实增强职工参与创新社会治理的共识，为他们提供更多地参与机会。正确引导职工履行自己的权利义务，提高参与的水平和能力。通过扩大职工在人代会中的比例来扩展参与空间。法律法规在制定的过程中，职工可以直接或间接地参与和监督。职工最直接、最关心的各种利益问题，最迫切的合理合法诉求都应得到及时妥善的解决。工会有权而且必须提供可靠的一线信息，保证社会治理工作的科学性和充分性。

（4）将维权工作做实做细做深，特别是要关注下岗职工、农民工等弱势群体的合法权益和根本利益。一般情况下，工会的触角难以伸向一些不合理的死角，这样就使得一些弱势群体的权益得不到有效保障，这就必然失去了社会公平正义。对此，必须组建农民工联合会，拓展维权的辐射面和深度。主要从就业再就业，劳动安全与卫生，收入分配调节，医疗保险等方面入手，将他们的合法利益真正落到实处。帮助他们及时解决工资拖欠、劳动纠纷、子女入学难等方面的突出问题，努力实现全方位的公平正义。通过多方面的人文关怀使他们的工作价值观从“挣钱吃饭”提升到“爱岗敬业”乃至“奉献社会”的层面上来。

（5）进一步将工会维权网络织大织密，更大范围地参与到创新社会治理工作中来，坚定不移地走“社会化维权”的路子，实现工会规模化。作用不断增强，能力进一步提升，这样就改善了小工会的缺陷。

在经济社会不断发展变化，全面建成小康社会宏伟事业不断进步的历史进程中，工会发挥维权的职能和作用，创新社会治理日益成为社会各界的热切期待。新形势下，机遇和挑战并存，工会要真正担当起职工利益的代表人角色，维护好职工群众的合法权益。我们说，促进社会公平正义，实现社会和谐稳定，才能保证工人阶级队伍的稳定团结，才能凝心聚力参与社会治理的创新，从而把党与群众的纽带系紧，桥梁搭好，职工与企业才能密切合作，企业与党委政府才能同舟共济，也才能凝聚一切可以凝聚的力量，共创和谐中国的辉煌，为实现中国梦添砖加瓦。

总之，工会组织在创新社会治理工作中空间很大，舞台广阔。因此，必须要进一步提升工会组织在创新社会治理工作中的能力和水平，以适应不断发展变化的形势任务的需要。

第七章 为职工维权理直气壮
——发挥工会维权作用，构建和谐劳动关系

稳定的劳动关系是构建和谐企业的重要组成部分。协调劳动关系、维护劳动者合法权益已经成为工会工作的主要内容。当前，强化工会维权职能，构建和谐劳动关系日益重要。所以，应在建立和谐劳动关系中发挥工会组织作用，进一步加强维权观建设，积极探索建立维权工作机制，构筑协调劳动关系的社会化工作格局。

劳动合同是确立劳动关系，明确劳动者和用人单位之间权利义务的根本法律依据，对劳动者来说非常重要，可以说是劳动者维护自身权利的护身符。然而，在实践中，用人单位不与劳动者签订劳动合同的现象比较普遍，劳动者因为没有劳动合同而无法维护自身合法权益的事件时有发生。因此，近些年来，协调劳动关系、维护劳动者合法权益也就成为工会工作的主要内容之一，强化工会维权职能，构建和谐劳动关系也显得日益重要和迫切。

帮助和指导职工签订劳动合同，切实维护劳动关系的和谐稳定

工会维权的一项重要内容就是帮助、指导职工签订劳动合同，这是有效保护劳动者合法权益的非常重要的一步，所以必须从源头上把好维权的第一关。另外，代表职工签订集体合同也是工会的重要职责之一。集体合同对劳动者来说也是非常重要的，工会代表职工通过和用人单位谈判就职工的工资、福利、保险等各项内容平等协商，达成一致，签订集体合同。这就可以及时弥补单个劳动合同存在的不足，特别是在现阶段我国劳动者素质相对比较低的情况下，集体合同可以起到更好地保护劳动者合法权益的重要作用。但是，由于受到历史和现实等各种因素的影响，集体合同流于形式的现象依然比较严重，内容空洞，

照抄法律，程序简化。在这种情况下，更需要工会想方设法做实集体合同的签订工作，真正发挥集体合同在维护劳动关系中的重要作用。

有效监督企业贯彻落实劳动法律法规

自1994年《劳动法》颁布实施以来，国家先后制定出台了一系列旨在保障职工合法权益的法律法规和政策规定，但职工合法权益受侵害的现象仍然较为严重。在现实工作和生活中，侵犯职工的劳动报酬权、休息休假权、劳动安全保护权、物质帮助权等现象在一定程度上加剧了劳动者和用人单位之间的矛盾，这样就严重影响了劳动关系的和谐稳定。对此，按照有关法律法规的具体要求，工会应不断扩大监督的渠道和范围，创新监督的方式方法，丰富监督的内容。可以通过建立健全政府与工会联席会议制度、劳动关系三方协调机制、职工代表大会制度、经常性的执法监督检查等各种渠道对企业进行有效监督。就目前经常发生的问题，可以着重关注以下几个方面：一是对程序是否合法进行监督，如企业改制方案是否提交职工代表大会审议通过，以程序正义保障职工合法权益这一实体正义得以实现；二是对企业是否遵守法法规律进行监督，如对企业是否和职工签订劳动合同、是否拖欠职工工资、是否缴纳社会保险等进行监督；三是对企业整改是否到位进行监督，工会在实施监督的过程中，如果发现了存在的问题，必须监督有关部门、单位把整改意见和整改措施落到实处，必须尽到监督的义务和责任。

支持和帮助职工提起仲裁和诉讼

工会是职工自愿结合的工人阶级的群众组织，代表和维护广大职工群众的合法权益是工会得以存在的根基，当职工合法权益受到用人单位侵犯的时候，工会必须表明自己的立场，发出正义的声音，支持和帮助职工提起仲裁和诉讼，这是工会的责任，也是工会的义务。具体来说，工会可以通过帮助和指导职工写起诉状、答辩状、提供法律咨询、向法院建议减免诉讼费、协助调查和搜集证据等方面帮助职工，以便维护职工的合法权益。

稳定的劳动关系是构建和谐企业的重要组成部分

科学发展观要求我们必须要坚持以人为本，充分调动包括工人阶级在内的全体劳动群众的积极性、主动性、创造性，使广大职工和劳动群众既成为推动改革发展稳定的主力军，又成为改革发展成果的享受者。这就要求，我们必须妥善处理好包括劳动关系在内的各种利益关系，充分调动各方面积极性，努力促进经济社会全面协调可持续发展。在当前各种社会关系中，劳动关系是最基本的社会关系，它决定着政治、经济、社会、文化、法律、道德伦理等方面的关系，是社会关系能否和谐稳定的一个关键因素。劳动关系作为生产关系的一种特殊表现形式，对促进生产力的进一步解放和发展，对调动劳动者的积极性，对体现劳动者的智慧和创造力，起着决定性的促进作用。目前，在深化国有企业改革的过程中，需要注意理顺的就是劳动关系所关联的诸多方面的内在关系，这是非常重要也是十分必要的。一般来说，职工的合法权益是在劳动关系的建立、调整、变化和发展的过程中不断得以实现的。

构建和谐的劳动关系是工会组织在构建社会主义和谐社会、推动企业改革发展实践中所肩负着的一项重要责任，也是体现社会组织独特作用的着力点。因此，工会推动构建社会主义和谐社会、促进企业振兴的切入点，就是构建和谐稳定的劳动关系。如果说没有劳动关系的和谐，构建社会主义和谐社会、加速企业振兴就是一句空话。如果我们紧紧围绕和抓住了这个切入点，充分发挥工会在推进社会主义和谐社会建设中的重要作用，对于促进经济、政治、文化、社会、生态文明建设等各个方面的协调发展，进一步激发全社会的创造活力，调动全社会的积极性，增强社会和谐的物质基础和精神支撑，实现社会的公平和稳定等诸多方面，都具有不可替代的重要作用。当前，工会组织要坚决贯彻落实“组织起来、切实维权”的工作方针，有效解决党和政府最关心的、广大职工群众热切期待的劳动关系中存在的突出问题，在协调劳动关系中发挥工会应有的独特作用，努力构建和谐稳定的劳动关系。

依法维权是构建和谐劳动关系的根本手段

《工会法》明确规定：“维护职工的合法权益是工会的基本职责”。维权是工会工作的首要任务，维护职工群众的各项合法权益，是构建和谐劳动关系的最佳手段，也是构建社会主义和谐社会的本质要求，更是工会组织履行基本职能的重要内容。社会主义和谐社会首先是一个法治非常健全完善的社会，国家要依法治国，人民要依法办事，工会则要依法维权。从宏观上看，国家已经制定了《宪法》《工会法》《劳动法》等一系列相关法律，为工会组织依法维权提供了坚实可靠的法律保障，为切实维权提供了坚实可靠和强有力的制度支撑；从微观上看，具体到每个企业，就是要和劳动者依法签订劳动合同、集体合同，以契约的形式保障和维护职工的合法权益。在法律规定的范围内，充分反映职工群众的意愿和要求，并尽最大可能满足职工合法合理的要求，这样对于维护社会稳定可以起到良好的促进作用。只有切实维护职工的合法权益，充分满足职工群众的合理合法诉求，不断保障职工群众在生产生活中得到应得的各种利益，才能真正促进职工队伍的稳定和社会的稳定和谐。

爱岗敬业，关爱职工是构建和谐劳动关系的基础平台

工会要在广大职工中广泛开展以爱岗敬业为主题的教育实践活动，鼓励和引导职工积极参与企业各项事业的建设，增强对企业的认同感和归属感，培养对企业的深厚情感，紧紧围绕企业生产经营活动，对职工进行技术和岗位培训，大力开展技术创新和提供合理化建议活动，不断提高职工的技术素质和综合能力，把职工潜在的智慧和创造活力充分地激发出来，进一步增强企业的凝聚力和发展动力。企业不仅是劳动关系建立和存续的有效载体，也是劳动关系在建立、存续、变更和终止的过程中，协调双方利益关系的纽带。工会组织要正确引导企业经营者切实承担起自己的社会责任，树立以人为本的管理理念，依靠职工，关爱职工，积极改善职工的生产生活条件和工作环境，使职工收入、福利待遇逐年增加，在企业中努力营造相互尊重、团结友爱的良好氛围。工会组织在企业与职工之间寻求劳资关系的平衡点，从而形成了经营者与劳动者关系的和谐，共谋发展，共同致力于构建和保持和谐的劳动关系。

构建社会主义和谐社会、实现企业的振兴，代表了包括工人阶级在内的广大人民群众的根本利益和良好愿望。工会作为工人阶级的群众组织，在社会主义和谐社会的构建和振兴企业过程中肩负着重要的历史使命。工会组

织在履行自身职能时，承担着维护职工群众的合法权益和维护社会稳定工作大局两项重要任务。

因此，必须牢固树立“两个理念”：一是工会忠实地维护职工的合法权益就是忠实地维护社会工作大局的理念；二是协调和稳定好劳动关系也是创造良好投资环境的理念。树立好了这“两个理念”，就能够使工会组织在工作大局中找准坐标，选好角度，实现维护职工权益同维护企业利益以及区域和谐稳定的有机统一，也能够使工会组织在企业工作大局中的位置越来越突出，越来越重要，发挥的积极作用也越来越大，从而更好地为推动企业改革发展和当地经济社会持续发展提供良好的保障。

在建立和谐劳动关系中充分发挥工会组织的重要作用

胡锦涛同志强调指出：“要继续强化社会主义和谐劳动关系，认真倾听职工群众呼声，及时反映职工群众愿望，扎扎实实为职工群众做好事、办实事、解难事，特别是要为困难职工排忧解难，完善劳动关系协调机制，促进实现体面劳动，促进劳动关系和谐，促进社会和谐稳定。”这就为强化社会主义劳动关系指明了方向。当前，由于国际金融危机和世界经济发展速度明显放缓，给我国经济带来了一定的负面影响，各级工会组织要针对这些新情况和新问题，在党和政府主导的维护职工权益机制中发挥工会组织的独特优势，以创建和谐的劳动关系与和谐企业为基本手段，以劳动就业、收入分配、社会保障和劳动安全卫生为工作重点，切实维护好广大职工的合法权益，大力加强源头参与力度，推动形成利益协调、诉求表达、矛盾调处和权益保障方面的相关机制，推动健全以职代会为基本形式的企事业单位民主管理制度，全面维护职工的经济、政治、文化和社会权益，进一步巩固和发展社会主义和谐劳动关系。

实践证明，和谐的劳动关系是构建社会主义和谐社会的重要基础。发展和谐的劳动关系是完善社会主义市场经济体制的内在要求，是协调劳动关系矛盾和问题的迫切需要，是落实中国特色社会主义工会维权观的基本途径，也是构建社会主义和谐社会的重要组成部分。

在思想和行动上进一步加强中国特色社会主义工会维权观建设

在工作实践中，每一位基层工会工作者，都应当真正牢固树立起中国特色社会主义工会维权观，并以此来指导工会工作全局和自身工作实际。因此，要明确工会维权工作的根本宗旨、重要原则、核心理念和基本内容。同时，还要明确维护职工合法权益是工会的基本原则，确定“组织起来，切实维权”是工会工作的基本方针，把维护职工的合法权益贯穿于推动改革、促进发展、积极参与、大力帮扶的全过程，逐步形成中国特色社会主义工会维权观，以职工为本、主动依法科学维权。这样就能够为更好地协调劳动关系，维护广大职工的合法权益，促进企业各项工作健康发展奠定良好的思想基础。

另外，要紧紧抓住劳动合同、集体合同与职代会三个关键环节，不断加强劳动关系协调机制建设。贯彻落实“全面推进劳动合同制度实施三年行动计划”，不断推动企业全面实行劳动合同制度，切实提高劳动合同签订率和履约率。积极推行平等协商和集体合同制度，着重抓好以工资为主要内容的集体协商，建立健全区域性、行业性集体协商和集体合同制度。坚持和完善以职工代表大会为基本形式的企事业民主管理制度，进一步深化厂务公开制度，切实落实职工的知情权、参与权、表达权和监督权，督促劳动关系各方依法享受权利，切实履行义务，不断促进企业的良好发展与职工权益的不断实现。

积极探索建立维权工作机制

当前，针对劳动关系中“强资本，弱劳动”的突出问题，各级工会应不断完善职工的维权机制，做到主动维权、依法维权、科学维权，逐步建立健全利益协调机制、职工诉求表达机制、矛盾调处机制和权益保障机制等利益协调的制度和规范。建立健全工会与人大、政府及有关部门的沟通协调机制，积极参加政府有关职工权益问题的协调会议与工作机构。同时，要健全完善劳动保障法律监督制度，积极配合各级人大做好有关劳动执法检查工作，参与政府有关部门劳动监察活动及政协有关调研和视察活动，从而推动劳动法律法规的有效贯彻落实。在职工权益保障方面，以国有改制企业和非公有制企业为重点领域，以困难职工、下岗失业人员、农民工为重点对象，多渠道、多形式地为他们办实事、办好事，推动解决职工群众切身的利益问题。

此外，针对当前一些基层工会活力不足，在协调劳动关系方面维权不力等突出问题，应该进一步加强基层工会特别是企业工会工作的力度，同时不断扩大工会工作的覆盖面。应该坚持依法、科学、规范的建会思路，坚持哪里有职工，哪里就要建立工会组织的原则，明确责任目标，落实工作任务，实现工会组建与不断发展变化的企业状况相适应，会员发展与不断壮大的职工队伍相统一，工会组织体制的延伸与不断加快的工业化、城镇化进程相协调。与此同时，基层工会还应努力建设职业化的工会干部队伍。基层工会干部应真正具有全心全意为职工群众服务的意识，把工会工作作为一项崇高而神圣的事业，具有高度的职业使命感和责任感。工会还要努力培养和提升工会干部的专业素质和工作能力。工会干部不仅要熟悉工会工作的基本理论，具备最基本的工会工作能力，还需要精通多种专业知识。

构筑协调劳动关系的社会化工作格局

发展和谐劳动关系是伴随社会主义和谐社会建设的一项长期战略任务。仅仅依靠工会单方面的努力远远不够，各级工会组织应积极争取党委和政府的高度重视和大力支持，积极协调社会各方面的力量形成“党委和政府主导、三方主体协调、工会积极运作、有关各方合作、企业和职工积极参与”的发展和谐劳动关系的工作格局。工会应通过多种切实有效的途径和形式，广泛宣传发展和谐劳动关系的时代价值，积极创建和谐企业的重大意义，努力争取社会各方面力量的大力支持与积极参与。

在构建和谐劳动关系中充分发挥独特作用

各级工会应该把竭诚服务职工群众作为一切工作的出发点和落脚点，进一步增强大局意识、服务意识，切实提高服务能力，紧紧依靠党的领导，政府的支持，积极开展维护职工合法权益的各项工作，努力为职工做好事、办实事，力争把工会建设成为职工群众可信赖的“职工之家”，在和谐的劳动关系建设中充分发挥工会组织的重要作用。例如，北京市总工会不断深入开展工资集体协商工作，在构建和谐劳动关系中发挥着独特作用。

2011年1月1日起，北京市开始执行新的最低工资标准。据此，北京市总工会在一季度对市属建会企业职工收入状况进行摸底排查。据统计，整个排查过程涉及建会企业4万余家，涵盖职工264.3万余人，共发现需要重点开展协商的“五类”企业1598家，涉及职工7.4万余人。北京市各级工会重点针对1598家“五类”企业开展了工资集体协商，对未达到最低工资标准的企业予以纠正，有效维护了职工合法权益。

按照“全面建立机制、重点解决问题”的基本要求，2011年，北京市总工会在扎实推进工资集体协商三年行动计划的过程中，经过严格考试选拔，建立了一支由83人组成的工资集体协商专业指导队伍，他们具有工会工作、企业管理、政策法律、财务工作等方面的工作经验，分布在各区县，负责指导、推动工资集体协商工作。

2011年初，北京市委、市政府办公厅颁发了北京市总工会代拟的《关于促进劳动关系和谐稳定的意见》，把开展工资集体协商工作作为促进劳动关系和谐稳定的首要任务。

同时，北京市总工会不断深化创新厂务公开、完善企业民主管理工作，积极开展创建和谐劳动关系企业活动。出台了《北京市大力开展厂务公开、职工代表大会建制专项行动计划》，开展创建厂务公开民主管理示范单位活动，不断规范公有制企事业单位职代会制度及工作程序，推进非公有制企业区域性、行业性职代会建设。

在首钢停产职工分流安置工作启动之初，北京市总工会及时成立了“首钢分流安置方案协调小组”，从源头参与方案的调研、论证、制订和修改，就涉及职工切身利益的重大问题提出建议和主张。在分流安置方案讨论过程中，工会组织每次都将分流安置方案详细传达到每一名职工代表，让职工代表100%掌握方案内容。

2011年，北京市新增职工（代表）大会覆盖企业13261个，新增区域（行业）职代会覆盖企业24601个。全市国有及其控股企业职工代表大会建制率为95.2%，厂务公开推行率为95.9%。全市教育系统职代会建制率为100%，厂务公开推行率为100%。事业单位职工代表大会建制率为98.9%，厂务公开推行率为90.96%。

精心打造服务职工的平台，彰显工会组织的影响力。三级服务体系、温暖包、职工互助保险、职工艺术团……不断创新的服务平台、不断丰富的服务内容，从物质的到精神的温暖，使每一名困难职工都能得到工会组织的及时救助，使每一名工会会员都能感到工会组织的温暖与关爱。

2012年1月5日，在全国工会送温暖活动开展20周年、困难职工帮扶中心建设10周年座谈会上，北京市职工服务（帮扶）中心被授予“全国工会帮扶工作标兵单位”荣誉称号，全市12名工会干部荣获“全国工会帮扶工作标兵”荣誉称号。

北京市总工会在全市工会系统建立和推行了不让一名职工看不起病、不让一名职工子女上不起学、不让一个职工家庭生活在贫困线下的“三不让”困难职工帮扶措施。北京市温暖基金会设立了时传祥环卫工人专项温暖基金、首都教职工爱心基金等14个子基金，通过社会慈善基金、系统互助基金、特殊群体专项基金三种方式，募集款物折合资金1.15亿元，累计发放救助金777万元。职工互助保险推出“在职职工住院津贴互助保障计划”，建立了住院医疗、重大疾病、意外伤害“三位一体”的职工医疗互助保障体系，累计已有250万名职工参加了互助保障，

23万多名职工获得互助金，互助金额总计达3.3亿元。

“第八届首都职工文化艺术节”，更是突出“劳动创造幸福”的主题，得到了北京市委宣传部、首都文明办、市国资委、市文化局、市工商联、市文联等单位的大力支持和共同参与，融汇了合唱比赛、声乐比赛、舞蹈比赛、DV摄影比赛、读书演讲比赛等12项既有传统又有创新的市级示范项目，吸引了数百万职工积极参与。其内容之丰富、形式之创新、规模之宏大、参加职工人数之多均创历史之最，成为首都职工践行、弘扬“北京精神”的生动实践。

第八章　跃上『依法维权』的新起点

——职工维权基本法律知识

目前，中国特色社会主义法律体系已经基本形成。与之相适应，我国也初步形成了维护职工合法权益的法律体系。近年来，我国陆续出台了《劳动合同法》《劳动争议调解仲裁法》《残疾人就业条例》《工伤保险条例》等法律法规，维护职工合法权益基本实现了有法可依。同时，工会在维权方面有了更加完备的法律依据。

中国特色社会主义法律体系已经基本形成。同时，截至目前，我国已经初步形成了维护职工合法权益的法律体系。近年来，全国总工会重点参与了《劳动合同法》《就业促进法》《劳动争议调解仲裁法》《企业破产法》《社会救助法》《残疾人就业条例》《工伤保险条例》《劳动合同法实施条例》《职工带薪年休假条例》《生产安全事故报告和调查处理条例》等十几部法律、法规和部门规章的制定与修订工作，从源头上维护了职工的合法权益。其中，《劳动合同法》和《劳动争议调解仲裁法》更是受到了全国总工会的高度重视。全国总工会专门成立了参与立法协调领导小组，自始至终参与了《劳动合同法》及其实施条例的起草、调研论证和修改工作。在该法公开征求的19万多条修改意见和建议中，65%的意见建议来自职工群众和工会。

实践证明，《劳动合同法》在提高劳动合同签订率、防止合同短期化、终止劳动合同的经济补偿、非全日制用工、劳务派遣的限制、集体合同、经济性裁员及工会作用等诸多方面较好地维护了广大职工群众的合法权益。《劳动争议调解仲裁法》则较好地解决了长期以来存在的劳动争议处理周期长、成本高的问题，全国总工会提出的一些重要建议被采纳。除参与立法外，全国总工会还制定了《工会法律援助办法》，规定工会建立法律援助制度，为合法权益受到侵害的职工提供法律服务。针对企业工会容易成为“老板工会”的问题，全国总工会出台了《企业工会主席产生办法（试行）》，规定企业行政负责人（含行政副职）、合伙人及其近亲属，人力资源部门负责人，外籍职工不得作为本企业工会主席候选人。此外，各地工会还结合当地实际情况，积极参与有关地方性法规和政策的制定实施。目前，维护职工合法权益基本实现了有法可依，我国工会在维权方面有了更加完备的法律依据和更好的法制环境。

维护女职工合法权益和特殊利益的基本内容包括哪些

维护女职工合法权益和特殊利益的内容，从宏观上讲，就是维护女职工在政治、经济、社会、文化、家庭等方面的合法权益和特殊利益。具体地说，就是提高女职工参与国家和社会事务及企业经营管理的程度；维护女职工的劳动权利，改善女职工的劳动条件，做好女职工劳动保护工作；反对性别歧视和家庭暴力，为受歧视、虐待、侮辱、迫害的女职工伸张正义。

为什么要对女职工实行劳动保护

保护女职工在劳动生产过程中的安全与健康即为女职工劳动保护。对女职工实行劳动保护，是我们党和国家的一贯政策。首先，女职工是工人阶级的重要组成部分，是国家的主人和依靠对象，保护女职工在生产中的安全与健康，是由我们国家的性质和女职工的阶级地位决定的。其次，男女两性在生理上的差别，决定了女职工不宜从事重体力劳动。解剖生理学认为，男女在以下几方面存在明显差异：（1）男性生长期较长，平均身高、胸围、体重都比女性高、宽、重。（2）男性肌肉发达，承重力大。（3）男性血液循环机能强，总血量、红细胞、血细胞较女性数量多。（4）男性呼吸机能较女性强，肺活量大。再次，女性生理机能决定了女职工有四期生理变化，在此期间需要进行特殊保护。最后，在劳动过程中产生的有害职业因素，对母体、胎儿及乳儿均可能产生不良影响，有毒物质或放射线等物理因素可以导致女性不孕、流产、早产或胎儿畸形。对女职工实行劳动保护，也是为了保护下一代的健康成长。

女职工劳动保护的内容有哪些

女职工劳动保护从宏观上讲有两部分内容。一是保护女性的劳动权利。二是保护女职工在生产中的安全与健康。

国际劳工组织明确，女职工劳动保护有四个方面的内容：（1）保护母亲，即保护女性的母性机能（经期、孕期、产期、哺乳期的保护）；（2）工作时间方面的保护，即孕妇、乳母不允许加班加点及上夜班；（3）禁止女职工从事危险有害作业；（4）男女同工同酬，有同等就业机会。

发生劳动争议后，可以通过哪些途径解决

《劳动法》第七十七条规定，用人单位与劳动者发生劳动争议，当事人可以依法申请调解、仲裁、提起诉讼，也可以协商解决。第七十九条规定，劳动争议发生后，当事人可以向本单位劳动争议调解委员会申请调解；调解不成，当事人一方要求仲裁的，可以向劳动争议仲裁委员会申请仲裁。当事人一方也可以直接向劳动争议仲裁委员会申请仲裁。对仲裁裁决不服的，可以向人民法院提起诉讼。第八十二条规定，提出仲裁要求的一方应当自劳动争议发生之日起60日内向劳动争议仲裁委员会提出书面申请。

劳动者享受养老保险、疾病保险、工伤保险应具备什么条件

劳动者享受养老保险的条件是：（1）达到法定退休条件，如男子年满60周岁，女子年满50周岁，连续工龄满10年的；从事井下、高空、高温，特别繁重体力劳动或者其他有害身体健康的工作，男子年满55周岁，女子年满45周岁，连续工龄满10年的；因病经劳动鉴定完全丧失劳动能力的，男子年满50周岁，女子年满45周岁，连续工龄满10年可以退休。

（2）缴纳养老保险费。劳动者由于患病、负伤而暂时丧失劳动能力时，可以从社会得到物质帮助，获取疾病保险。劳动者因工伤残或者患职业病，暂时或永久丧失劳动能力，可以从社会得到物质帮助，获取工伤保险。它具有赔偿性质，实行无责任赔偿原则，工伤保险费用完全由企业负担，劳动者个人不缴费。养老保险、疾病保险、工伤保险的待遇和具体标准按照国家有关规定执行。

用人单位侵害劳动者的劳动报酬权，应承担什么样的法律责任

《劳动法》第九十一条规定，用人单位有下列侵害劳动者合法权益情形之一的，由劳动行政部门责令支付劳动者的工资报酬、经济补偿，并可以责令支付赔偿金：（1）克扣或者无故拖欠劳动者工资的；（2）拒不支付劳动者延长工作时间工资报酬的；（3）低于当地最低工资标准支付劳动者工资的；（4）解除劳动合同后，依照合法规定给予劳动者经济补偿的。

具备哪些条件就可领取失业保险金

《失业保险条例》规定，同时具备下列条件的人员，可以领取失业保险金：（1）按照规定参加失业保险，所在单位和本人已按照规定履行缴费义务满1年的；（2）非因本人意愿中断就业的；（3）已办理失业登记，

并有求职要求的。失业人员在领取失业保险金期间，按照规定同时享受其他失业保险待遇。

如何计算职工应享受休假天数

职工累计工作已满1年不满10年的，年休假5天；已满10年不满20年的，年休假10天；已满20年的，年休假15天。国家法定休假日、休息日不计入年休假的假期。

计算休假天数所涉及的职工累计工作时间是指什么

职工在同一或者不同用人单位工作期间，以及依照法律、行政法规或者国务院规定视同工作期间，应当计为累计工作时间。

连续工作满12个月以上的新进人员如何享受当年的年休假

职工新进用人单位且连续工作满12个月以上的，当年度年休假天数，按照在本单位剩余日历天数折算确定，折算后不足1整天的部分不享受年休假。具体折算方法为：（当年度在本单位剩余日历天数÷365天）×职工本人全年应当享受的年休假天数。

哪些职工不享受当年的休假

（1）职工依法享受寒暑假，其休假天数多于年休假天数的；

（2）职工请事假累计20天以上且单位按照规定不扣工资的；

（3）累计工作满1年不满10年的职工，请病假累计2个月以上的；

（4）累计工作满10年不满20年的职工，请病假累计3个月以上的；

（5）累计工作满20年以上的职工，请病假累计4个月以上的；

（6）劳务派遣职工在劳动合同期限内无工作期间由劳务派遣单位依法支付劳动报酬的天数多于其全部应享受的年休假天数的，不享受当年的年休假。

哪些假期不计入年休假假期

职工依法享受的探亲假、婚丧假、产假等国家规定的假期以及因工伤停工留薪期间不计入年休假假期。

职工可以分段休假吗

单位根据生产、工作的具体情况，并考虑职工本人意愿，统筹安排职工年休假。年休假在1个年度内可以集中安排，也可以分段安排，一般不跨年度安排。

职工年度内不能休假，是否可以跨年度休假

单位因生产、工作特点确有必要跨年度安排职工年休假的，可以跨1个年度安排，但应征得职工本人同意。

如何处理单位不能安排职工休年休假的情形

单位确因工作需要不能安排职工休年休假的，经职工本人同意，可以不安排职工休年休假。对职工应休未休的年休假天数，单位应当按照该职工日工资收入的300%支付年休假工资报酬，其中包含用人单位支付职工正常工作期间的工资收入。

用人单位与劳动者建立劳动合同关系，应采用何种形式

根据《劳动法》第十六条第二款的规定，建立劳动关系应当订立劳动合同。同时，在《劳动合同法》第十条第一款中还规定，建立劳动关系，应当订立书面劳动合同。所以，劳动合同为要式合同，必须采用书面形式订立。用人单位自用工之日起即与劳动者建立劳动关系，建

立劳动关系应当办理用工手续，订立书面劳动合同，且用人单位应当建立职工名册备查；在用人单位和劳动者协商一致后，经用人单位与劳动者在劳动合同文本上签字或者盖章后，劳动合同生效。同时，劳动合同应当由用人单位和劳动者各执一份。

另外，用人单位与劳动者变更劳动合同，也应当采用书面形式；对于建立劳动关系，但是用人单位未同时与劳动者订立书面劳动合同的，应当自用工之日起一个月内订立书面劳动合同。对于用人单位与劳动者在用工之前订立了劳动合同的，劳动关系自用工之日起建立。在《劳动合同法》施行之前已建立劳动关系，尚未订立书面劳动合同的，应当在《劳动合同法》施行之日起一个月内订立。

用人单位未与劳动者签订书面劳动合同，应承担何种法律后果

用人单位与劳动者建立劳动关系，应订立书面劳动合同。但实践中，没有签订劳动合同的现象大量存在。对此，《劳动法》第九十八条和劳动部《违反〈劳动法〉有关劳动合同规定的赔偿办法》第二条均规定，用人单位违反本法规定的条件解除劳动合同或者故意拖延不订立劳动合同的，由劳动行政部门责令改正；对劳动者造成损害的，应当承担赔偿责任。《劳动合同法》颁布实施后，对上述问题作了进一步明确严格的规定，该法第八十二条第一款规定，用人单位自用工之日起超过一个月不满一年未

与劳动者订立书面劳动合同的，应当向劳动者每月支付二倍的工资。

同时，用人单位未在用工的同时订立书面劳动合同，导致与劳动者约定的劳动报酬不明确，新招用的劳动者的劳动报酬按照集体合同规定的标准执行；没有集体合同或集体合同未规定的，实行同工同酬。

用人单位对符合条件的劳动者，无故不签订无固定期限的劳动合同，应承担什么法律责任

根据《劳动合同法》的规定，用人单位对符合条件的劳动者，无故不签订无固定期限的劳动合同而诉至人民法院的：首先，如果劳动者要求用人单位签订的，人民法院应责令用人单位与该劳动者签订无固定期限的劳动合同；其次，用人单位自应当订立无固定期限劳动合同之日起向劳动者每月支付二倍的工资；第三，如果用人单位违反《劳动合同法》规定解除或者终止与上述劳动者的劳动关系，劳动者不要求或事实上已无法履行无固定期限劳动合同的，则在解除或者终止劳动合同时，应当依照《劳动合同法》第四十七条规定的经济补偿金标准的二倍向劳动者支付赔偿金。

在何种情况下，劳动者与用人单位可签订不定期限的劳动合同

不定期限的劳动合同是指以完成一定工作任务为期限的劳动合同，指用人单位与劳动者约定以某项工作的完成为合同期限的劳动合同。《劳动法》第二十条和《劳动合同法》第十二条均规定了劳动合同的期限分为有固定期限、无固定期限和以完成一定的工作为期限。同时，《劳动合同法》第十五条第二款规定，用人单位与劳动者协商一致，可以订立以完成一定工作任务为期限的劳动合同。具体来说，有下列情形之一的，用人单位与劳动者可以签订不定期限的劳动合同：

（1）以完成单项工作任务为期限的劳动合同；

（2）以项目承包方式完成承包任务的劳动合同；

（3）因季节原因临时用工的劳动合同；

（4）其他双方约定的以完成一定工作任务为期限的劳动合同。

用人单位与劳动者在订立劳动合同时，对劳动者承担的违约责任的约定有无限制

为保证劳动者的合法权益，防止用人单位凭借其优势地位随意设定违约责任条款，侵害劳动者的利益，法律

在用人单位与劳动者订立劳动合同时，对劳动者承担的违约责任的约定作了限制。根据《劳动合同法》第二十二条、第二十三条、第二十五条的规定，用人单位与劳动者在签订劳动合同时，仅能就以下两个方面约定违约金：

（1）用人单位与劳动者在履行劳动合同中，如果用人单位为劳动者提供专项培训费用，对劳动者进行专业技术培训的，可以与该劳动者订立协议，约定服务期，并对违反服务期的违约责任作出约定。

（2）用人单位与其高级管理人员、高级技术人员和其他负有保密义务的人员，可以约定竞业限制条款，同时，对劳动者违反竞业限制条款的，可以就违约责任作出约定。

除上述两种情形之外，用人单位不得与劳动者约定由劳动者承担的违约金。如有约定的，该约定无效。

用人单位与劳动者签订无效劳动合同，应承担的法律后果有哪些

劳动合同无效，包括劳动合同整体无效和劳动合同部分条款无效两种情形。劳动合同被认定无效，劳动者仍然有权就其已经实际付出的劳动主张获取相应的劳动报酬，人民法院对其合理的请求应当依法予以支持。《劳动合同法》第二十八条规定，劳动合同被确认无效，劳动者已付出劳动的，用人单位应当向劳动者支付劳动报酬。劳动报酬的数额，参照本单位相同或者相近岗位劳动者的劳

动报酬确定。所以，在劳动者就其已经付出的劳动获取相应劳动报酬的问题上，不考虑劳动者是否存在过错情形。总而言之，只要劳动者为用人单位提供了劳动，用人单位就必须无条件地为此给付相应的劳动报酬。保护劳动者基于劳动形成的权益不受侵害，与劳动合同的效力问题并无直接、必然联系。劳动报酬的确定，参照用人单位相同或相近岗位劳动者的劳动报酬确定。

另外，由于用人单位的原因订立无效劳动合同，或订立部分无效劳动合同的，对劳动者造成损失的，应根据劳动部《违反〈劳动法〉有关劳动合同规定的赔偿办法》第三条的规定进行赔偿。同时，根据《劳动法》第九十七条和最高人民法院《关于审理劳动争议案件适用法律若干问题的解释》第十四条第二款之规定，由于用人单位的原因订立无效合同，给劳动者造成损害的，还应当比照违反和解除劳动合同经济补偿金的支付标准，赔偿劳动者因劳动合同无效所造成的经济损失。另外，《劳动合同法》第八十六条还规定，劳动合同依照本法第二十六条规定被确认无效，给对方造成损害的，有过错的一方应当承担赔偿责任。

当然，当劳动者自身对造成劳动合同无效或者对造成其所受损失亦有过错之处时，应当考虑劳动者的主观状况，各方当事人根据各自过错程度承担相应的法律后果。如果劳动者的行为与造成劳动合同无效的法律后果之间有因果关系，说明劳动者因劳动合同无效所受的损失，与其自身原因分不开，用人单位和劳动者都应该对各自不规范的错误行为负责，需要双方当事人根据各自的过错大小承担相应的责任。因此，虽然劳动合同因用人单位原因造成劳动合同无效并给劳动者带来经济损失，但是如果劳动者自身亦有过错且该过错与其所受经济损失之间有因果关系的情况下，在确定用人单位应当赔偿的经济损失时，需要考虑劳动者自身原因对造成损失的影响程度，劳动者对该部分损失应当自行承担，扣除劳动者自行承担的数额之外的经济损失，才应由用人单位负责赔偿。

用人单位与劳动者签订劳动合同时，违反法律关于试用期的规定，应如何确定用人单位的责任

《劳动合同法》第八十三条作了规定。根据该法条规定的精神，首先，用人单位违反法律规定与劳动者约定试用期的，由劳动行政部门责令用人单位改正；其次，违法约定的试用期已经履行的，由用人单位以劳动者试用期满月工资为标准，按已经履行的超过法定试用期的期间向劳动者支付赔偿金。

用人单位分立、合并、租赁、承包后的劳动合同应如何订立

《劳动合同法》第三十四条规定："用人单位发生合并或者分立等情况，原劳动合同继续有效，劳动合同由承继其权利和义务的用人单位继续履行"。根据劳动部

《关于贯彻执行〈劳动法〉若干问题的意见》第十三条、第十五条的规定，用人单位发生分立或合并后，分立或合并后的用人单位可依据其实际情况与原用人单位的劳动者遵循平等自愿、协商一致的原则变更原劳动合同。租赁经营（生产）、承包经营（生产）的企业，所有权并没有发生改变，法人名称未变，在与职工订立劳动合同时，该企业仍为用人单位一方。依据租赁合同或承包合同，租赁人、承包人如果作为该企业的法定代表人或者该法定代表人的授权委托人，可代表该企业（用人单位）与劳动者订立劳动合同。

劳动合同无效的情形有哪些

所谓劳动合同无效，是相对于有效劳动合同而言的，指劳动合同虽已成立，但因其严重欠缺法定有效要件，因而其内容不能被赋予法律效力。《劳动法》第十八条规定了劳动合同无效的两种情形，《劳动合同法》第二十六条增加了劳动合同无效的一种情形。综合上述规定，下列劳动合同无效或者部分无效：

（1）以欺诈、胁迫的手段或者乘人之危，使对方在违背真实意思的情况下订立或者变更劳动合同的。欺诈是指一方当事人故意告知对方当事人虚假的情况，或者故意隐瞒真实的情况，诱使对方当事人作出错误意思表示的行为。胁迫是指以给公民及其亲友的生命健康、荣誉、名誉、财产等造成损害为要挟，迫使对方作出违背真实意思表示的行为。

（2）用人单位免除自己的法律责任、排除劳动者权利的。比如，劳动合同中约定，“发生工伤概不负责”条款，即属上述情形，应属无效。

（3）违反法律、行政法规的强制性规定的。包括订立劳动合同主体不符合法律、法规的规定和劳动合同的内容违反法律法规规定。

上述合同，从订立的时候起，就没有法律约束力，不能发生当事人预期的法律后果。但是，劳动合同部分无效的，如果不影响其余部分的效力，其余部分仍然有效。

在什么情况下，劳动者可随时通知用人单位解除劳动合同

一般情况下，劳动者提出解除劳动合同，应提前三十日提出，否则，应承担相应的法律责任。但是，劳动法第三十二条规定了三种情形，劳动者可随时通知用人单位解除劳动合同，《劳动合同法》第三十八条对适用范围作了进一步的扩大。根据上述法律法规规定，发生下列情形，劳动者可以提出解除劳动合同，无需提前三十日通知用人单位：

（1）劳动者在试用期内提前三日通知用人单位解除劳动合同；

（2）用人单位未按照劳动合同约定提供劳动保护或者劳动条件的，劳动者可以解除劳动合同；

（3）用人单位未依法为劳动者缴纳社会保险费的，劳动者可以解除劳动合同；

（4）用人单位的规章制度违反法律、法规的规定，损害劳动者权益的，劳动者可以解除劳动合同；

（5）用人单位以欺诈、胁迫的手段或者乘人之危，使劳动者在违背真实意思的情况下订立或者变更劳动合同的情形致使劳动合同无效的，劳动者可以解除劳动合同；

（6）用人单位以暴力、威胁或者非法限制人身自由的手段强迫劳动者劳动的，或者用人单位违章指挥、强令冒险作业危及劳动者人身安全的，劳动者可以立即解除劳动合同，不需事先告知用人单位；

（7）法律、行政法规规定劳动者可以解除劳动合同的其他情形，劳动者也可以解除劳动合同。

如何确定劳动者擅自离职应承担的法律责任

擅自离职又称自动离职，是指劳动者不辞而别的一种违法行为，其与用人单位的劳动关系实际上处于一种尚未结束的状态。因此，用人单位应及时作出相应的处理，包括结束彼此的劳动关系。按照法律规定，职工解除劳动合同，应当严格按照规定，提前三十日以书面形式向用人单位提出。职工自动离职属于违法解除劳动合同，对用人单位造成损失的，劳动者应当按照规定承担赔偿以下损失的责任：

（1）用人单位招收录用所支付的费用；

（2）用人单位为其支付的培训费用，双方另有约定的按约定办理；

（3）对生产、经营和工作造成的直接经济损失；

（4）劳动合同约定的其他赔偿费用。

劳动者擅自离职后，用人单位一般应采取哪些措施

对于擅自离职的职工，用人单位一般应采取以下措施：（1）送达书面通知，限期上班，并提出对逾期不上班的处理措施；（2）对逾期未上班者，按规定或按通知作违纪辞退解除合同，并书面通知其前来办理手续，其中包括索赔数额等内容；（3）对不来办理手续的，依据规定办理解除劳动关系手续，同时可依法申请仲裁。保护自己的合法权益。

应当特别注意的是，用人单位不可对擅自离职职工在本单位的配偶、亲属采取株连式的处罚行为。

对擅自离职的职工，用人单位应如何送达相关处理通知

对于擅自离职的职工，用人单位需要送达相关处理通知的，应本着对职工负责的原则，以书面形式送达为主。在具体操作中，送达主要有三种形式：首先是直接交

给对方当事人，由其签收，本人不在的，交其同住成年亲属签收；若直接送达有困难，可采取邮寄送达方式，以挂号查询回执上注明的收件日期为送达日期；受送达员工下落不明，或者用上述两种方式无法送达的情况下，则可采取公告方式送达，可在报刊上刊登通知，自刊登之日起满三十日，即视为送达。

劳务派遣单位与劳动者签订劳动合同，在合同签订的期限方面有什么要求

根据《劳动合同法》第五十八条的规定，劳务派遣单位与被派遣劳动者订立的劳动合同，应当载明派遣期限；而且，劳务派遣单位应当与被派遣劳动者订立二年以上的固定期限劳动合同。

与劳务派遣单位签订劳动合同的劳动者，在没有派遣任务期间，派遣单位是否可不发放其工资

根据《劳动合同法》第五十八条第二款中确定的“劳务派遣单位应当与被派遣劳动者订立二年以上的固定期限劳动合同，按月支付其劳动报酬；被派遣劳动者在无工作期间，劳务派遣单位应当按照所在地人民政府规定的最低工资标准，向其支付报酬”的规定，与劳务派遣单位签订劳动合同的劳动者，在没有派遣任务期间，派遣单位

应发放其工资，工资标准为所在地人民政府规定的最低工资标准。

非全日制用工中，用人单位拒不与劳动者签订书面合同，劳动者起诉要求支付双倍工资的，应如何处理

未在用工之日起一个月内与劳动者签订书面劳动合同，应当支付劳动者应得报酬两倍的工资，这是《劳动合同法》规定的适用于全日制用工的一项法律责任形式。但是，根据《劳动合同法》第六十九条第一款的规定，成立非全日制用工关系，当事人可采用口头形式，也可采用书面形式。所以，用人单位在采用非全日制用工关系中，并无签订书面合同的法定义务。如劳动者要求签订书面合同，用人单位拒不与劳动者签订书面合同，劳动者可选择不与其建立非全日制用工关系。但劳动者起诉要求用人单位支付双倍工资的，人民法院将不予支持。

用人单位能否以实物或购物券代替现金支付工资

根据《劳动法》第五十条的规定，工资应当以货币形式按月支付给劳动者本人。《工资支付暂行规定》第五条也规定，工资应当以法定货币支付。不得以实物及有价

证券替代货币支付。所以，工资应当以法定货币方式支付。用人单位在一般情况下，应当用人民币支付劳动者工资，特定用人单位（主要指外资企业）可以用外币支付。除法律规定或集体合同规定的情况外，不得以实物及有价证券代替货币支付。

《劳动法》第四十八条中规定的“最低工资”应如何理解

根据《最低工资规定》（劳动和社会保障部第21号令）第三条第一款的规定，本规定所称最低工资标准，是指劳动者在法定工作时间或依法签订的劳动合同约定的工作时间内提供了正常劳动的前提下，用人单位依法应支付的最低劳动报酬。第二款规定，本规定所称正常劳动，是指劳动者按依法订立的劳动合同约定，在法定工作时间或劳动合同约定的工作时间内从事的劳动。劳动者依法享受带薪年休假、探亲假、婚丧假、生育（产）假、节育手术假等国家规定的假期间，以及法定工作时间内依法参加社会活动期间，视为提供了正常劳动。但是，劳动者由于本人原因达成在法定工作时间内或依法签订的劳动合同约定的工作时间内未提供正常劳动的，不适用最低工资的规定。

最低工资标准一般采取月最低工资标准和小时最低工资标准的形式。月最低工资标准适用于全日制就业劳动者，小时最低工资标准适用于非全日制就业劳动者。

在中国境内的企业、民办非企业单位、有雇工的个体工商户和与之建立劳动合同关系的劳动者，以及国家机关、事业单位、社会团体和与之建立劳动合同关系的劳动者，均应适用最低工资的规定。

《社会保险法》涵盖了哪些社会保险制度

《社会保险法》涵盖了基本养老保险、基本医疗保险、工伤保险、失业保险、生育保险等社会保险制度，保障了公民在年老、疾病、工伤、失业、生育等情况下依法从国家和社会获得物质帮助的权利。

用人单位违反《社会保险法》不办理社会保险登记或未按时足额缴纳社会保险费应承担什么法律责任

根据《社会保险法》的规定，用人单位不办理社会保险登记且在社会保险行政部门责令改正期限内不改正的，对用人单位处应缴社会保险费数额一倍以上三倍以下的罚款，对其直接负责的主管人员和其他直接责任人处五百元以上三千元以下的罚款。

用人单位未按时足额缴纳社会保险费的，由社会保险费征收机构责令限期缴纳或者补足，并自欠缴之日起，按日加收万分之五的滞纳金；逾期仍不缴纳的，由有关行政部门处欠缴数额一倍以上三倍以下的罚款。

用人单位与劳动者双方协商社会保险费随工资发放是否合法

不合法。根据《社会保险法》的规定，缴纳社会保险费是用人单位和劳动者双方应尽的法律义务，用人单位和劳动者对社会保险费用不享有自行处置权。

哪些人应当或可以参加基本养老保险

根据《社会保险法》的规定，职工应当参加基本养老保险，由用人单位和职工共同缴纳基本养老保险费。

无雇工的个体工商户、未在用人单位参加基本养老保险的非全日制从业人员以及其他灵活就业人员可以参加基本养老保险，由个人缴纳基本养老保险费。公务员和参照公务员法管理的工作人员养老保险的办法由国务院规定。

职工基本养老保险基金是怎样筹集的

根据《社会保险法》的规定，基本养老保险基金由用人单位和个人缴费以及政府补贴等组成。

用人单位按照国家规定的本单位职工工资总额的比

例缴纳基本养老保险费，记入基本养老保险统筹基金，目前用人单位缴纳比例一般不超过本单位工资总额的20%。

职工按照国家规定的本人工资的比例缴纳基本养老保险费，记入个人账户，目前个人缴费比例为8%，由用人单位代扣代缴。

无雇工的个体工商户、未在用人单位参加基本养老保险的非全日制从业人员以及其他灵活就业人员，可根据个人意愿决定是否参加基本养老保险。要参加的，应当按照国家规定缴纳基本养老保险费，分别记入基本养老保险统筹基金和个人账户。

领取基本养老金待遇的条件是什么

根据《社会保险法》的规定，领取基本养老金待遇的条件：一是达到法定退休年龄，二是累计缴费满十五年。

根据《社会保险法》的规定，参加基本养老保险的个人，达到法定退休年龄时累计缴费不足十五年的，可以缴费至满十五年，按月领取基本养老金；也可以转入新型农村社会养老保险或者城镇居民社会养老保险，按照国务院规定享受相应的养老保险待遇。

跨统筹地区就业人员达到退休年龄时，养老金待遇如何计算

根据《社会保险法》的规定，个人跨统筹地区就业

的，其基本养老保险关系随本人转移，缴费年限累计计算。个人达到法定退休年龄时，基本养老金分段计算、统一支付。

农民工中断就业或返乡没有继续缴费的，其基本养老关系如何处理

根据国办发〔2009〕66号文件的规定，农民工中断就业或返乡没有继续缴费的，由原参保地社保经办机构保留其基本养老关系，保存其全部参保缴费记录及个人账户，个人账户储存额继续按规定计算。农民工返回城镇就业并继续参保缴费的，无论其回到原参保地就业还是到其他城镇就业，均按规定累计计算其缴费年限，合并计算其个人账户储存额，符合待遇领取条件的，与城镇职工同样享受基本养老保险待遇；农民工不再返回城镇就业的，其在城镇参保缴费记录及个人账户全部有效，并根据农民工的实际情况，在其达到规定领取条件时或享受城镇职工基本养老保险待遇，或转入新型农村社会养老保险。

新型农村养老保险待遇是如何构成的

根据《社会保险法》的规定，参加新型农村养老保险的农村居民，符合国家规定条件的，按月领取新型农村养老保险待遇。

新型农村养老保险待遇由基础养老金和个人账户养

老金组成。

基本养老金待遇是如何调整的

根据《社会保险法》的规定，国家建立基本养老金正常调整机制。根据职工平均工资增长、物价上涨情况，适时提高养老保险待遇。

我国基本医疗保险基金的支付范围有哪些

根据《社会保险法》的规定，基本医疗保险基金支付的范围包括参保人员治病所需要的基本用药、基本诊疗项目、医疗服务设施以及急诊、抢救的医疗费用。这些费用只有纳入基本医疗保险药品目录、诊疗项目目录的范围，符合医疗服务设施标准，才能由医疗保险基金予以支付。

哪些医疗费用不纳入基本医疗保险基金支付范围

根据《社会保险法》的规定，下列医疗费用不纳入基本医疗保险基金支付范围：（1）应当从工伤保险基金中支付的；（2）应当由第三人负担的；（3）应当由公共卫生负担的；（4）在境外就医的。

医疗费用依法应当由第三人负担，第三人不支付或者无法确定第三人的，由基本医疗保险基金先行支付。基本医疗保险基金先行支付后，有权向第三人追偿。

灵活就业人员如何参加职工基本医疗保险

根据《社会保险法》的规定，无雇工的个体工商户、未在用人单位参加职工基本医疗保险的非全日制从业人员以及其他灵活就业人员可以参加职工基本医疗保险，由个人按照国家规定缴纳基本医疗保险费。

灵活就业人员参加基本医疗保险实行权利和义务相对应、缴费水平与待遇水平相挂钩的原则。灵活就业人员参加基本医疗保险的缴费率原则上按照当地的缴费率确定，缴费基数可参照当地上一年职工年平均工资核定。

哪些单位应当参加工伤保险

根据《工伤保险条例》的规定，中华人民共和国境内的企业、事业单位，社会团体、民办非企业单位、基金会、律师事务所、会计师事务所等组织和有雇工的个体工商户应当依照本条例规定参加工伤保险，为本单位全部职工或者雇工缴纳工伤保险费。

用人单位不主动申报工伤怎么办

根据《工伤保险条例》规定，用人单位不向人力资源和社会保障行政部门主动申报工伤的，劳动者个人应在工伤发生之日或职业病鉴定之日起一年内向人力资源和社会保障行政部门申报，逾期则视为自动放弃权利。

哪些情形下应当认定为工伤

根据《工伤保险条例》的规定，有下列情形之一的，应当认定为工伤：（1）在工作时间和工作场所内，因工作原因受到事故伤害的；（2）工作时间前后在工作场所内，从事与工作有关的预备性或者收尾性工作受到事故伤害的；（3）在工作时间和工作场所内，因履行工作职责受到暴力等意外伤害的；（4）患职业病的；（5）因工作外出期间，由于工作原因受到伤害或者发生事故下落不明的；（6）在上下班途中，受到非本人主要责任的交通事故或者城市轨道交通、客运轮渡、火车事故伤害的；（7）法律、行政法规规定应当认定为工伤的其他情形。

上班途中发生车祸工伤认定屡遭单位质疑。2012年8月23日，在家卧床养病近两年的蒋女士，终于拿到了由宁夏回族自治区贺兰县劳动争议仲裁委员会下达的仲裁裁决书，面对裁决书，蒋女士潸然泪下。历经由权威部门出具的工伤认定屡遭单位的质疑，无奈，双方对簿公堂。蒋女士向其原所在单位宁夏农垦贺兰山清真牛羊产业集团有限公司（以下简称贺兰县牛羊产业公司）索赔10万元，最终经裁定，蒋女士获赔7.42万余元。

2010年9月1日，蒋女士被贺兰县牛羊产业公司聘为专职会计。在该单位工作的第24天，也就是9月25日8时40分，蒋女士在上班途中发生车祸受伤，经诊断，其左胫腓骨中下段粉碎性骨折，身体多处挫伤，脑震荡伴有头皮裂伤。2011年9月25日，银川市人力资源和社会保障局依法作出工伤认定决定。拿着由权威部门出具的工伤认定申请，蒋女士和家人就索赔事宜与单位交涉，没想到却遭到拒绝。此后，贺兰县牛羊产业公司屡次对"工伤认定书"表示质疑，并于2011年12月15日将为蒋女士出具工伤认定书的银川市人力资源和社会保障局告上法庭。

宁夏回族自治区银川市金凤区法院经审理认定，根据各项证据显示，法院支持银川市人力资源和社会保障局的工伤认定结果，对于贺兰县牛羊产业公司的请求，法院依法予以驳回。面对一审法院的判决结果，贺兰县牛羊产业公司表示不服，遂向银川市中级人民法院提出上诉，法院最终支持一审法院的判决。

至此为止，一场争议似乎终于有了定论，蒋女士期待单位能够按照工伤待遇支付各项费用，然而在久等无果后，6月28日，蒋女士只能向贺兰县劳动争议仲裁委员会提出仲裁申请，要求贺兰县牛羊产业公司支付各项工伤待遇10万元。

经贺兰县劳动争议仲裁委员会调查认定，由于贺兰县牛羊产业公司未为蒋女士办理工伤保险，因此，蒋女士所发生的工伤所应该享受的工伤保险待遇应由贺兰县牛羊产业公司来负担。经裁定，该公司需支付蒋女士各项工伤待遇共计7.42万余元。

职工发生工伤该如何维权？

首先，要清楚工伤赔偿的项目有哪些。根据《工伤保险条例》的规定，工伤赔偿项目包括：治疗工伤所需的规定费用、住院治疗工伤的伙食补助费、一次性伤残补助金、一次性工伤医疗补助金和伤残就业补助金、停工留薪期间工资等。职工因工作遭受事故伤害或者患职业病需要暂停工作接受工伤医疗的，在停工留薪期内，原工资福利待遇不变，由所在单位按月支付；职工因工致残被鉴定为一级至十级伤残的，视等级从工伤保险基金按伤残等级支付一次性伤残补助金、按月支付伤残津贴；职工因工死亡，其近亲属可从工伤保险基金领取丧葬补助金、供养亲属抚恤金和一次性工亡补助金。

其次，应对工伤赔偿的程序有所了解。职工发生事故伤害后，所在单位应自事故伤害发生之日或被诊断、鉴定为职业病之日起30日内，向统筹地区社会保障部门提出工伤认定申请。遇特殊情况，报经同意，可以适当延长。用人单位未按规定提出工伤认定申请的，工伤职工或者其近亲属、工会组织在事故伤害发生之日或者被诊断、鉴定为职业病之日起1年内，可以直接向劳动行政主管部门提出工伤认定申请。提出工伤认定申请时，应当提交下列材料：（1）工伤认定申请表；（2）与用人单位存在劳动关系（包括事实劳动关系）的证明材料；（3）医疗诊断证明或者职业病诊断证明书（或者职业病诊断鉴定书）。工伤认定申请表应当包括事故发生的时间、地点、原因以及职工伤害程度等基本情况。

工伤保险赔偿是以劳动关系的存在为前提。其中劳动合同是直接证据，在没有劳动合同的情况下，可依据《劳动和社会保障部关于确立劳动关系有关事项的通知》操作，即认定双方存在劳动关系时可参照下列凭证：（1）工资支付凭证或记录（职工工资发放花名册）、缴纳各项社会保险费的记录；（2）用人单位向劳动者发放的“工作证”“服务证”等能够证明身份的证件；（3）劳动者填写的用人单位招工招聘“登记表”“报名表”等招用记录；（4）考勤记录；（5）其他劳动者的证言等。

哪些情形视同为工伤

根据《工伤保险条例》的规定，有下列情形之一的，视同工伤：（1）在工作时间和工作岗位，突发疾病死亡或者在48小时之内经抢救无效死亡的；（2）在抢险救灾等维护国家利益、公共利益活动中受到伤害的；（3）职工原在军队服役，因战、因公负伤致残，已取得革命伤残军人证，到用人单位后旧伤复发的。

工伤认定文书未及时送达职工维权遭遇“拦路虎”。2012年9月，胡某与宁夏回族自治区某建筑公司的工伤待遇劳动争议案在银川市劳动和人事争议仲裁委员会开庭不久，仲裁员即宣布休庭。原因是被申请人宁夏某建筑公司答辩时否认接到过申请人胡某的工伤认定决定书和伤残等级评定表，而胡某手中也没有这两样文书已向被申请人送达的证明。根据实际情况，银川市劳动和人事争议仲裁委员会中止了对该案的审理，等工伤认定决定和伤残等级评定结果都生效后恢复审理。

胡某是四川来宁打工人员，在被申请人的工地干木工活。2011年3月10日下午，胡某在脚手架上作业时不慎坠地受伤，经劳动保障部门认定为工伤，伤残等级为十级。因胡某法律知识欠缺，拖至2012年5月15日才提起劳动争议仲裁申请，这时距受伤时间已经过了1年3个月。在这一年多时间里，胡某无法从事重体力劳动，为索赔一事到处奔波，谁知出现了工伤认定文书未送达的麻烦。

当天休庭后，胡某专程从银川市去某市劳动和社会保障局索要已给被申请人送达有关文书的证明，但被申请人仍然不予认可。因为有人签收的一次送达被申请人称本单位并无此人；一次邮寄送达将被申请人的名称和地址写错。在此情况下，仲裁员决定与被申请人的代理人一起到某市劳动和社会保障局查询有关文书送达情况，结果不能认定已经给被申请人送达。某市劳动和社会保障局当场重新给被申请人送达了工伤认定的有关文书。

《工伤认定办法》第十七条规定，劳动保障行政部门应当自工伤认定决定作出之日起20个工作日内，将工伤认定决定送达工伤认定申请人以及受伤害职工（或其直系亲属）和用人单位，并抄送社会保险经办机构。工伤认定法律文书的送达按照《民事诉讼法》有关送达的规定执行。工伤认定文书如果没有做到合法送达，实体认定的内容对当事人就不具有法律效力。工伤认定文书的送达，是工伤认定的组成部分，没有完成送达义务就是没有完成认定职责。

哪些情形不得认定为工伤

根据《工伤保险条例》的规定，职工因下列情形之一导致本人在工作中伤亡的，不认定为工伤：（1）故意犯罪的；（2）醉酒或者吸毒的；（3）自残或者自杀的。

职工因工死亡待遇如何计算

根据《工伤保险条例》的规定，职工因工死亡，其近亲属按照下列规定从工伤保险基金领取丧葬补助金、供养亲属抚恤金和一次性工亡补助金。

（1）丧葬补助金为6个月的统筹地区上年度职工月平均工资。

（2）供养亲属抚恤金按照职工本人工资的一定比例发给由因工死亡职工生前提供主要生活来源、无劳动能力的亲属。标准为：配偶每月40%，其他亲属每人每月30%，孤寡老人或者孤儿每人每月在上述标准的基础上增加10%。核定的各供养亲属的抚恤金之和不应高于因工死亡职工生前的工资。供养亲属的具体范围由国务院社会保险行政部门规定。

（3）一次性工亡补助金标准为上一年度全国城镇

居民人均可支配收入的20倍。

领取失业保险待遇的期限是多长

根据《社会保险法》的规定，失业人员失业前用人单位和本人累计缴费满一年不足五年的，领取失业保险金的期限最长为十二个月；累计缴费满五年不足十年的，领取失业保险金的期限最长为十八个月；累计缴费满十年以上的，领取失业保险金的期限最长为二十四个月。

职工在什么情况下可享受生育津贴

根据《社会保险法》的规定，职工有下列情形之一的，可以按照国家规定享受生育津贴：（1）女职工生育享受产假；（2）享受计划生育手术休假；（3）法律法规规定的其他情形。生育津贴按照职工所在用人单位上年度职工月平均工资计发。

哪些情况下劳动者可以向劳动保障监察机构投诉

劳动者认为用人单位侵犯其劳动保障合法权益的，有权向劳动保障行政部门投诉。可以投诉的事项包括：

（1）用人单位违反录用和招聘职工规定的。如招用童工、收取风险抵押金、扣押身份证件等。

（2）用人单位违反有关劳动合同规定的。如拒不签订劳动合同、违法解除劳动合同、解除劳动合同后不按国家规定支付经济补偿金、国有企业终止劳动合同后不按规定支付生活补助费等。

（3）用人单位违反女职工和未成年工特殊劳动保护规定的。如安排女职工和未成年工从事国家规定的禁忌劳动、未对未成年工进行健康检查等。

（4）用人单位违反工作时间和休息休假规定的。如超时加班加点、强迫加班加点、不依法安排劳动者休假等。

（5）用人单位违反工资支付规定的。如克扣或无故拖欠工资、拒不支付加班加点工资、拒不遵守最低工资保障制度规定等。

（6）用人单位制定的劳动规章制度违反法律法规规定的。如用人单位规章制度规定农民工不参加工伤保险，工伤责任由农民工自负等。

（7）用人单位违反社会保险规定的。如不依法为农民工参加社会保险和缴纳社会保险费，不依法支付工伤保险待遇等。

（8）未经工商部门登记的非法用工主体违反劳动保障法律法规，侵害农民工合法权益的。

（9）职业中介机构违反职业中介有关规定的。如提供虚假信息、违法乱收费等。

（10）从事劳动能力鉴定的组织或者个人违反劳动

能力鉴定规定的。如提供虚假鉴定意见、提供虚假诊断证明、收受当事人财物。

（11）劳动者认为用人单位等侵犯其其他劳动保障合法权益的。

哪些情况下可以向劳动争议仲裁委员会申请仲裁

劳动者与用人单位发生下列劳动争议，可以向劳动争议仲裁委员会提出仲裁申请：

（1）因企业开除、除名、辞退职工和职工辞职、自动离职发生的争议；

（2）因执行有关工资、保险、福利、培训、劳动保护的规定发生的争议；

（3）因履行、解除、终止劳动合同发生的争议；

（4）因认定无效劳动合同、特定条件下订立劳动合同发生的争议；

（5）因职工流动发生的争议；

（6）因用人单位裁减人员发生的争议；

（7）因经济补偿和赔偿发生的争议；

（8）因履行集体合同发生的争议；

（9）因用人单位录用职工非法收费发生的争议；

（10）法律、法规规定应当受理的其他劳动争议。

未满16周岁的未成年人能不能就业

根据《劳动法》和《禁止使用童工规定》（国务院令第364号）的规定，禁止用人单位招用未满16周岁的未成年人，禁止任何单位或者个人为不满16周岁的未成年人介绍就业，禁止不满16周岁的未成年人开业从事个体经营活动。违反以上规定的，都要依法进行处罚，触犯刑律的，要依法追究刑事责任。

劳动者在劳动合同期内能不能不辞而别

劳动合同依法签订即具有法律约束力，当事人必须履行劳动合同规定的各项义务。《劳动法》第三十一条规定："劳动者解除劳动合同，应当提前三十日以书面形式通知用人单位。"因此，劳动者自行离职不辞而别，显然违反《劳动法》的规定，是一种违约行为。劳动者违反规定或者劳动合同的约定解除劳动合同，给用人单位造成经济损失的，应当承担赔偿责任，法律另有规定的除外。

外出打工前要做好哪些准备工作

（1）一定要带齐相关证件，包括本人身份证件、在户籍地所办理的流动人口婚育证明以及学历证明、技术等级证明（资格证书、特殊工种操作证）等能证明本人技能和上岗资格的相关材料。

（2）如果要出去打工，最好先在家乡或在打工的城市参加一些正规的专业技能培训，掌握一定技术，这样才有打工资本，好找工作，也能多挣钱。

（3）一定要准备一些现金、简单的生活用品、常用药、必要的衣物和常用的生产工具。

（4）一定要有吃苦耐劳、战胜各种困难的思想准备。

怎样防止在职业介绍所求职时受骗

（1）尽量到公共职业介绍机构求职。按照国家有关规定，城市公共职业介绍机构要为农民工免费提供就业信息、政策咨询、职业指导和职业介绍服务。

（2）如果是到民办职业介绍所求职，特别要注意其“三证”是否齐全，即职业介绍许可证、营业执照、收费许可证，而且这些证件必须上墙公示，并注明举报电话。

（3）不要轻易交纳费用。在一些非正规的职业介绍所里，收费项目繁多，如报名费、健康费、抵押金等，大多在100～200元不等，农民工求职时要弄清相关的交费标准和规定，不能随便交费，并且有权拒绝各种不合理的收费。

（4）尽可能与用人单位面谈。接到录用通知后，要对用人单位进行实地考察，要留意企业名称、地址、联系电话、周围的环境以及工作现场是否安全卫生、企业是否有营业执照、是否能够自由出入等基本情况。

（5）拒绝高薪诱惑。非正规职业介绍所得以生存的主要手段是利用高薪诱惑农民工，比如普通的押运员工作，有的职业介绍所承诺月收入在5000~6000元，这显然严重脱离实际，然而不少非法职业介绍所利用这种方法行骗仍然屡屡成功。此外，求职者在求职前最好对本职业的行情作一些简单的了解，避免上当受骗。

怎样才能避免自己的合法权益受到侵害

第一，一定要有较高的法律意识，学会用法律手段和法治思维来协调人与人之间的关系。农民工尤其应该多了解一些跟务工密切相关的法律知识，了解自己应享有的权利和应承担的义务、用人单位侵犯农民工合法权益后应承担的责任等。

第二，一定要与用人单位签订劳动合同，当自己的合法权益受到侵犯时，千万不能意气用事，也不要忍气吞声，要积极与用人单位协商解决问题，协商不成再通过劳动保障监察、劳动争议仲裁等法律手段，切实保护自己的合法权益。

在平时的工作中应注意保留哪些证据

劳动者通过劳动保障监察、劳动争议仲裁、行政复议等法律途径维护自身合法权益，或者申请工伤认定、职业病诊断与鉴定等，都需要提供证明自己主张或案件事实的有关证据。如果劳动者不能提供有关证据，可能会影响自身合法权益的维护。因此，劳动者在平时的工作中，应该注意保留有关证据。主要包括：

（1）来源于用人单位的证据，如果与用人单位签订的劳动合同或者与用人单位存在事实劳动关系的证明材料、工资单、收取押金等的收条、用人单位解除或终止劳动关系的通知书、出勤记录等。

（2）来源于其他主体的证据，如果职业中介机构的收费单据。

（3）来源于有关社会机构的证据，如发生工伤或职业病后的医疗诊断证明或者职业病诊断证明书、职业病诊断鉴定书、向劳动保障行政部门寄出举报材料等的邮局回执。

（4）来源于劳动保障部门的证据，如劳动保障部门告知投诉受理结果或查处结果的通知书等。

另外，《工伤保险条例》第十九条规定，职工或者其直系亲属认为是工伤，用人单位不认为是工伤的，由用人单位承担举证责任。《最高人民法院关于审理劳动争议案件适用法律若干问题的解释》（法释〔2001〕14号）第十三条规定，因用人单位作出的开除、除名、辞退、解除劳动合同、减少劳动报酬、计算劳动者工作年限等决定而发生的劳动争议，用人单位负举证责任。

通过法律途径维护自身权益是否有法律规定的时限

劳动者通过劳动争议仲裁、行政复议等法律途径维护自身合法权益，或者申请工伤认定、职业病诊断与鉴定等，一定要注意在法定的时限内提出申请。如果超过了法定时限，有关申请可能不会被受理，致使自身合法权益难以得到保护。主要的时限包括：

（1）申请劳动争议仲裁的，应当在劳动争议发生之日（即当事人知道或应当知道其权利被侵害之日）起60日内向劳动争议仲裁委员会申请仲裁。

（2）对劳动争议仲裁委员会作出的仲裁裁决不服，提起诉讼的，应当自收到仲裁裁决书之日起15日内，向人民法院提起诉讼。

（3）申请行政复议的，应当自知道该具体行政行为之日起60日内提出行政复议申请。

（4）对行政复议决定不服，提起行政诉讼的，应当自收到行政复议决定书之日起15日内，向人民法院提起行政诉讼。

（5）直接向人民法院提起行政诉讼的，应当在知道作出具体行政行为之日起3个月内提出，法律另有规定的除外。因不可抗力或者其他特殊情况耽误法定期限的，在障碍消除后的10日内，可以申请延长期限，由人民法院决定。

（6）申请工伤认定的，所在单位应当自事故伤害发生之日或者被诊断、鉴定为职业病之日起30日内，向统筹地区劳动保障行政部门提出工伤认定申请。遇有特殊情况，经报劳动保障行政部门同意，申请时限可以适当延长。用人单位未按前款规定提出工伤认定申请的，工伤职工或者其直系亲属、工会组织在事故伤害发生之日或者被诊断、鉴定为职业病之日起1年内，可以直接向用人单位所在地统筹地区劳动保障行政部门提出工伤认定申请。

与用人单位存在事实劳动关系的劳动者是否依法享有劳动保障权利

事实劳动关系的双方当事人均享有劳动保障法律法规所规定的一切权利，并应履行劳动保障法律法规所规定的一切义务。存在事实劳动关系的劳动者在其合法权益受到用人单位侵害时，可以通过劳动保障监察、劳动争议仲裁、向人民法院起诉等途径，依法维护自身的合法权益。

非法用工主体招用的劳动者是否依法享有劳动保障权利

即使劳动者是在非法用工主体工作，也仍然享有劳动保障法律法规所规定的相关权利，非法用工主体违反劳动保障法律法规规定，侵害劳动者合法权益的，劳动保障行政部门应追究该用人单位的法律责任；对用人单位违反其他法律法规的行为，劳动保障行政部门或劳动者应提请有关部门追究其法律责任。

做到遵纪守法要注意什么

遵守法律法规是每一个公民应尽的义务，是维护良好社会秩序的基本前提。

（1）一定要注意学习有关法律法规知识。只有知道了按照法律规定应该做什么，不应该做什么，才能使自己的行为符合法律法规的要求。

（2）一定要牢固树立用法守法意识。法律无情，要自觉地约束自己的行为，不能做违法的事情，否则会受到法律的制裁。

（3）一定要注意养成遵守法律法规的良好习惯。要严格要求自己，从小事做起，从身边的事做起，从一点一滴做起，使遵守法律法规成为自己日常工作和生活中一种自觉的行为。

紧急求救电话有哪些

110——报警电话。发生被盗、被抢，各种灾害事故或危及本人及他人生命财产安全的紧急情况时，拨打“110”报警。

119——火灾报警电话。

122——交通事故报警电话。

120——医疗急救电话。

劳动者是否可以拒绝加班

一般来说，用人单位不得强迫劳动者加班，也就是说，劳动者有权拒绝加班。但是，在下列特殊情况下，用人单位要求劳动者加班，劳动者不得拒绝：

（1）发生自然灾害、事故或者其他原因，威胁劳动者生命健康和财产安全，需要紧急处理的。

（2）生产设备、交通运输线路、公共设施发生故障，影响生产和公众利益，必须及时抢修的。

（3）必须利用法定节日或公休假日的停产期间进行设备检修、保养的。

（4）为完成国防紧急任务，或者完成上级在国家计划外安排的其他紧急生产任务，以及商业、供销企业在旺季完成收购、运输、加工农副产品紧急任务的。

法定节假日与公休日的加班费如何规定

法定节假日加班和公休日加班的加班工资不同。用人单位在法定节假日安排劳动者工作的，应当支付不低于原工资3倍的工资报酬。而在公休日加班，而且又不能补休的，要支付不低于原工资2倍的工资报酬。但是，如果公休日加班后进行了补休，就可以不再支付加班费。

所有补休是否都可以代替加班费

公休日加班，如果单位给予了补休，就可以不再支付加班费了。但是并不是所有休息时间加班，通过补休都可以不支付加班费。如果劳动者在法定节假日加班，即使之后用人单位安排了补休，同样还要支付法定节假日期间的加班费。

农民工维权的途径主要包括哪些

（1）在职业中介机构被骗或者被用人单位侵权的，可以到当地劳动保障监察机构投诉。

（2）与用人单位发生劳动争议的，可以到当地劳动仲裁委员会申请仲裁；对仲裁结果不服的，可以向当地人民法院提起诉讼。

（3）到劳动保障部门投诉或申请工伤认定、要求支付社会保险待遇等，如果劳动保障部门有关机构拖着不办，或者对其处理结果不服的，可以申请行政复议或向当地人民法院提起诉讼。

（4）如果遇到一些复杂的官司，对法律问题搞不懂的时候，可以到当地工会、妇联、共青团组织、新闻媒体、法律援助中心等部门寻求帮助。

用人单位拖欠农民工工资怎么办

在用人单位拖欠工资的情况下，农民工首先要和用人单位协商，如果协商无法解决，则可以通过以下法律途径来解决：

（1）向当地劳动保障监察机构投诉举报。

（2）向当地劳动争议仲裁委员会申请仲裁，这里需要注意的是，要在劳动争议发生之日起60日内向劳动争议仲裁委员会提出书面申请。

（3）通过诉讼途径解决。这又分为三种不同的情况：一是针对劳动纠纷案件，经劳动仲裁后任何一方不服的，可以向人民法院提起诉讼。二是经仲裁后都服从，劳动仲裁裁决生效后，用人单位不执行的，农民工可申请人民法院强制执行。三是属于劳务欠款类的可直接向人民法院提起民事诉讼。在碰到自己的合法权益受到侵害的情况时，千万不能采取爬楼、堵路等过激行为和暴力手段，一定要依靠法律途径来解决问题。否则，一时冲动不但无济于事，还有可能因触犯刑律被追究责任。

农民工遇到工伤怎么办

如果在工作过程中遇到事故伤害，应马上到签订服务协议的医疗机构就医，情况紧急时可以先到就近的医疗机构急救。同时，应该及时向当地劳动保障行政部门申请工伤认定。如果自己长期在煤矿、采石场或有毒有害场所工作，发现自己身体不适，一定要到当地卫生行政部门所属的职业病防治所进行诊断，确认为职业病后，再到劳动保障行政部门申请工伤认定。工伤职工如果对劳动保障部门工伤认定结论不服（如不认定为工伤），还可以在收到工伤认定书60日内提起行政复议；对复议决定不服的，还可以在15日内向当地人民法院提起行政诉讼。

被认定为工伤后，应拿着工伤认定书到当地劳动能力鉴定委员会申请伤残等级鉴定。拿到工伤认定书和伤残等级鉴定书之后，就可以到用人单位或劳动保障部门的工伤保险经办机构领取工伤保险待遇。如果所在单位没有参加工伤保险，工伤保险待遇由用人单位支付。用人单位参加了工伤保险的，就由工伤保险经办机构从工伤保险基金中按标准支付工伤保险待遇。

农民工与用人单位签订劳动合同要注意哪些问题

（1）在劳动合同中必须明确规定劳动合同期限、工作内容和工作时间、劳动保护和劳动条件、劳动报酬、劳动纪律和违反劳动合同的责任等有关内容。农民工在签订劳动合同时，以上内容要尽可能详细、具体，比如劳动报酬，一定要写明工资支付标准、支付项目、支付形式以及支付时间等内容，以便将来发生劳动争议时能够有效维护自己的合法权益。

（2）在签订劳动合同之前，要仔细阅读关于相关岗位的工作说明书、劳动纪律、工资支付规定、劳动合同管理细则等规章制度，因为这些文件涉及农民工多方面的权益，当这些文件作为劳动合同附件时，与劳动合同具有同样的法律约束力。

（3）劳动合同至少一式两份，双方各执一份，农民工应妥善保管。如果用人单位事先起草了劳动合同文本，农民工在签字时一定要慎重，对文本仔细推敲，发现条款表述不清、概念模糊的，及时要求用人单位进行说明修订。为稳妥起见，农民工在签订劳动合同前，也可以向有关部门或公共职业介绍机构进行咨询，确认合同相关内容的合法性、公平性。这里需要特别注意的是，当劳动合同涉及数字时，应当使用大写汉字。

（4）农民工在签订劳动合同时应注意不要签订下面几种合同：

一是口头合同。有的企业不以书面形式与劳动者订立合同，只是口头约定工资、工时等，一旦发生纠纷，双方各执一词，由于缺乏书面文字证据，农民工往往有口难辩。

二是生死合同。一些危险性行业企业不按《劳动法》的有关规定履行安全卫生义务，在签订合同时要求与劳动者约定“工伤概不负责”等条款来逃避法律责任。对这种情况，农民工可以要求用人单位取消这些条款；如果协商不成，一旦发生事故，农民工可以申请劳动仲裁委员会或人民法院确认这些条款无效。

三是“两张皮”合同。现实生活中，有的用人单位因为害怕劳动保障主管部门监督，往往与应聘方签订两份合同，一份用来应付检查，另一份合同才是真正履行的合同，而这份合同往往只是有利于用人单位的不平等合同。

四是押金合同。一些用人单位利用农民工求职心切的心理，在签订合同时收取押金、保证金等名目众多的费用，农民工稍有违反管理的行为，用人单位就依据“规定”而“合法”扣留这部分押金。这类合同是法律明文禁止的，农民工可以拒绝；实在无法拒绝，也一定要保留好收据，以备将来维护自己的合法权利时作为证据。

五是卖身合同。一些用人单位与农民工在合同中约定“一切行动必须听从用人单位的安排”，一旦签订，就如同卖身一样完全失去了行动自由。在工作中加班加点、强迫劳动，甚至任意侮辱、体罚和拘禁农民工。当遇到这种情况时，不能忍气吞声，一定要及时向劳动保障监察部门或公安机关投诉举报，以便维护自己的合法权益。

第九章　让农民工维权有保障

——新时期如何维护农民工合法权益

■ 农民工作为工人阶级队伍中的新成员，已经成为工会工作的重要对象。维护农民工合法权益是工会组织义不容辞的重要职责。在现实生活中，农民工合法权益不同程度地遭受侵犯，农民工维权成为当务之急。要进一步关注农民工就业问题，加强对农民工的技能培训，重视农民工的民主参与意识和精神文化需求。

当前，在一些城市里，农民工的合法权益受到侵害的情况是一种比较普遍的现象。与此同时，保护农民工合法权益也日益成为社会各方面都高度关注的一个重大问题。对此，各级党委和政府都做了大量卓有成效的工作，并取得了一定的成效，但同时，还不同程度地存在一些不容忽视的问题。这就充分说明，在保护农民工合法权益方面必须要有新的探索和务实举措，以便找到有效保护农民工合法权益的根本路径。

维护农民工合法权益是工会的一项重要责任

工会既是职工群众自己的组织，也是职工根本利益的代表者、表达者和维护者。农民工作为工人阶级队伍中的新成员，已经成为工会工作的重要对象。当然，维护农民工合法权益也应该成为工会组织义不容辞的重要职责。近年来，各级工会组织紧紧围绕农民工权益维护问题，做了大量富有成效的工作，取得了实实在在的效果。但从总体上看，在思想认识方面依然存在一定差距，工作进展还不平衡，一些地方、单位工会的工作还不到位，维权效果还不明显，与农民工的实际愿望还有一定距离。为此，各级工会要认真贯彻落实工会组织“扩大覆盖面、增强凝聚力”“工会应承担起维护农民工合法权益的责任”的具体要求，进一步采取切实有效的措施，最大限度地把广大农民工组织到工会中来，在全社会叫响“农民工有困难找工会”的口号，立足当前，着眼长远，着力推动建立健全维护农民工合法权益的长效机制和制度体系，着力推动建立健全维护农民工合法权益的体制机制，使农民工真正感受到工会作为“职工之家”的温暖，体会到党和政府的亲切关怀。

农民工合法权益遭受侵犯的主要表现

农民工人数众多，2012年达到2.63亿，到2020年预计将达到3个亿。农民工虽然走进了城市，但还没有真正被城市社会所接纳和认同，还没有很好地融入到城市的各种生活中来，还不能与城镇居民享有同等的社会地位和各项权益。农民工处于城市社会的底层，合法权益遭受侵犯的问题始终贯穿于其打工的整个过程之中。主要表现在：

（1）签订正式合同少，不平等合同相对比较多。一些企业和私营企业主一般不会与农民工签订正式的劳动合同，还有相当一部分企业与农民工之间只存在口头协议，仅仅是在口头上约定了工资、工时等相关问题。一旦发生劳动纠纷，农民工由于缺乏有效证据和劳动合同往往有口难辩。即使签了合同，有时也是“霸王合同”，仅仅从企业和雇主的自身利益出发，只规定用工单位享有的权利和外来务工人员必须履行的义务，却没有相关条文保证农民工应当拥有的各项合法权利。有些合同甚至成为“卖身合同”“生死合同”，这样不但剥夺了农民工的休息、休假权和其他一系列权利，还无故限制其人身自由，甚至提出“如果发生意外情况，一切后果自负”。有些企业和雇主还自作主张或者随心所欲，常常单方面解除劳动合同。

（2）日常生产劳动中的安全隐患较多，赔偿问题没有办法得到根本保障。农民工在生产劳动中缺少必要的劳动保护设施，一些个体和私营企业生产工艺落后，机器设备陈旧，生产安全隐患多而防范措施不力，使农民工的劳动安全权利得不到有效保障。农民工因劳动而伤残后，一些雇主寻找各种借口拒不支付医疗费用，或者仅仅象征性地支付一少部分医疗费用和其他费用，使得受伤的农民工无法得到及时有效地治疗。

（3）生产劳动时间长、强度大、休息权利得不到有效保障、居住环境也比较差。休息权是《宪法》规定的劳动者必须享有的一项权利，但农民工的休息权却得不到有效保障。在现实生活中，一些雇主让农民工超负荷劳动，经常加班加点却不支付加班费。一些企业在招工难的情况下，随意对农民工搜身，并无故扣押其所有证件和现金。一些企业为了赚取更多的利润，尽可能地降低生产成本，在农民工的居住问题上也尽可能地减少投入，减少配套设施，致使一部分农民工居住环境比较差，卫生条件也不达标，很容易发生传染性疾病，这就影响了农民工的身心健康权。

（4）无故克扣工资，恶意拖欠工资。可以说，农民工合法权益遭受侵犯的表现形式多种多样，其中最为普遍、也最为严重，让社会各界以至于党中央、国务院和各级党委政府高度关注并以各种方式推动解决的是农民工的讨薪问题。一些用人单位不按《劳动法》《劳动合同法》和《工资支付暂行规定》等法律法规办事，无故克扣甚至恶意拖欠农民工工资。有些农民工为了讨要应得的血汗钱，有时候还会发生流血事件。愈刮愈烈的拖欠之风，已经严重地影响和制约经济社会的全面协调和可持续发展，也影响到我国社会主义现代化建设事业的进程，在一定程度上造成了广泛而深刻的负面影响，影响了社会大局和谐稳定。

（5）农民工的文化水平普遍较低，法治意识也比较淡薄，不懂得也不善于依法维权。面对相对强势的老板，农民工往往感到束手无策，当自身的合法权益遭受不法侵害时，感情一时冲动，往往会采取非理性甚至过激手段维护自身权益。

目前，越来越多的劳资冲突、劳资矛盾的背后却往往蕴含着比较大的社会风险，给构建社会主义和谐社会带来了负面影响。农民工合法权益得不到切实有效保护，劳动矛盾得不到及时协调解决，劳动关系不能实现和谐稳定，构建社会主义和谐社会也就无从谈起。因此，我们必须要高度重视保护进城农民工的各项合法权益，解除他们在城市生产生活中的后顾之忧，使他们真正地融入城市，为城市的各项建设事业作出自己应有的贡献。只有如此，才能化解一系列社会矛盾和社会风险。

当今社会，大多数进城务工的农民只能在一些非正式市场寻找就业机会，从事的是城里人不愿意干的“脏、累、粗、险”的工作。随着近年来城市下岗工人的日益增多，大中专毕业生的增加，城市就业压力进一步加大，对原来不愿意做的一些工作，现在城里人也开始逐步加入到竞争的行列中来。农民工的劳动权益屡遭侵害，主要表现在劳动报酬的权利遭到侵害，社会保险和福利待遇没有得到有效保障，文化娱乐生活相对单调，工作生活环境相对比较差，缺乏必要的劳动保护措施和劳动保护条件。

农民工维权是当务之急

要尽快健全完善保护农民工合法权益方面的法律法规和政策措施，进一步加大对拖欠农民工工资的企业和个人的惩罚力度。同时，与相关职能部门积极配合，着力提高制度的执行力，严格按照法律法规办事。只有切实落实这些措施，才能从根本上解决农民工权益保护问题。

首先，必须更新观念，解放思想，对农民工有一个全新的认识。在政治和法律上，要给予农民工同等的公正待遇，打破沿袭多年的“城乡二元分割”的观念与传统。对一些贡献大、工作成绩非常突出的农民工，要积极创造各种有利条件提高他们的政治地位，让更多的农民工成为各级人大代表、政协委员、工会代表。

其次，要进一步总结经验，吸取教训，在现有的基础上健全完善相关法律和制度。可以对涉及农民工权益的法律法规和制度规范进行一次全面的修改和完善，以更好地适应保障农民工权益的现实需要。

再次，地方各级政府要着力提高依法行政能力和服务水平。人力资源和社会保障部门以及行业主管部门要相互配合，共同营造农民工权益保障的法制环境和社会氛围。加大对农民工权益受损问题突出的民营企业和重点行业的监督管理和惩罚力度。如加大建筑、服务行业的劳动监察执法力度。政府有关职能部门要对外出务工的农民进行跟踪服务，进一步加强与输入地相关部门的各种联系，积极做好农民工的维权服务工作。

最后，要积极推动建立工会组织，形成相应的制约机制。农民工权益得不到及时有效保障的一个非常重要的原因，就是企业和农民工之间缺乏一个进行有效沟通的平台。另外，农民工权益容易受到侵害的一个重要因素是农民工作为个体太分散，缺乏自己的维权组织。成立企业工会并加强对企业工会的管理和引导，可以更好地发挥企业工会在维护农民工权益方面的重要而积极的作用。这个平台主要是政府、工会对企业的监督、协调和制约。

公平对待是实现维护农民工权益的基本原则

古往今来，法律追求的理念始终是公平正义，而社会各阶层的平等是公正的前提和基础。我国已经深刻地认识到了公平对待农民工的重要性和紧迫性，《国务院关于解决农民工问题的若干意见》等文件都对他们的相关权利作出了明确规定。应当承认，农民进城务工是法律赋予农民的平等权利，农民工权益应该包括人格尊严权、平等就业权、自由择业权、非歧视性公平待遇权、接受培训和受教育的权利等，这些权利都应该受到社会的尊重和法律法规的维护。

实现公平公正对待，实行城乡统一的户籍制度，消除农民工在城市生存和发展的制度性和体制性障碍，解除他们在心理上与城市社会之间存大的隔阂，从而形成统一的劳动、人事、工资、教育、卫生、社会福利等相关制度。修改完善相关的歧视性政策，加强和改进对进城农民工的管理制度和管理方式，实行城乡统一的劳动就业制度，建立健全覆盖城乡平等统一的就业服务制度和管理体系，在劳动市场准入方面为他们提供平等的机会。把农民工纳入城市公共服务体系，使他们平等地享有城市公共服务。政府要在编制发展规划、制定公共政策、建设公用设施等方面，统筹考虑农民工及其子女生产生活的实际需要，逐步健全覆盖农民工的城市公共服务体系，并不断推进各项配套改革。另外，还要进一步加强对农民工的精神关怀和心理辅导，使他们尽快融入城市社会的主流文化和生活方式。采取有效措施，从根本上解决农民工与城市职工同工不同酬、同工不同时、同工不同权的不正常现象，切实保障农民工在基层组织中的选举权和被选举权，使农民工中的优秀分子在入党、干部任命、专业技术职务评聘等方面与城市就业人员享有平等的机会和权利。

进一步关注农民工就业问题

各级政府及其职能部门应更多地关注农民工的就业问题，指导和帮助农民工与用人单位之间订立劳动合同，进一步提高农民工签订劳动合同的比例。进一步深化对劳务派遣工权益保护问题的理论和实践研究，切实规范劳务派遣行为。

实事求是，建立健全农民工工资保障制度。农民进城务工的最主要目的就是获取劳动报酬。为此，应该优先建立工资保障制度，抓紧解决农民工工资偏低和拖欠问题。建立健全工资支付监控制度和工资保证金制度，确保农民工工资按时足额发放。进一步规范农民工工资管理制度，逐步改变农民工工资偏低、同工不同酬的现实状况。严格执行最低工资制度，合理确定并适时调整最低工资标准，制定和推行小时最低工资标准，防止用人单位以实行计件工资为由拒绝执行最低工资制度。监督用人单位严格执行国家关于加班的法律规定。

采取措施，逐步解决农民工社会保障问题。要认真贯彻落实《国务院关于解决农民工问题的若干意见》提出的“坚持分类指导、稳步推进，优先解决工伤保险和大病医疗保障问题，逐步解决养老保障问题”的原则，针对农民工流动性大这一明显特点，建立适合他们自身实际的社会保险制度。一方面，要保证农民工的保险关系和待遇能够转移接续；另一方面，还要兼顾农民工工资收入偏低的实际情况，实行农民工社会保障的低标准进入，以调动用人单位和农民工参保的积极性。对于突发困难、基本生活难以维持的农民工，要把他们纳入社会救助的范畴，给予临时性的最低生活保障。另外，应该根据住房公积金制度、廉租住房制度和经济适用住房制度的相关规定，为农民工提供一定的住房保障。

着眼长远，进一步加大工会的组建力度。工会的职能就是维护职工的合法权益，所以要积极吸纳农民工加入工会，通过工会组织反映他们的利益诉求。工会组织要以劳动合同、劳动工资、劳动条件和职业安全卫生为重点，督促用人单位切实履行好法律规定的义务。工会要帮助和指导农民工抓好劳动合同的签订工作。在劳动关系运行环节，抓好平等协商和集体合同制度的建设。在劳动关系监督环节，切实纠正侵犯农民工合法权益的一些行为。在劳动关系调处环节，建立健全劳动关系矛盾预警和疏导机制，为农民工提供法律援助。充分发挥工会劳动保护监督检查的重要作用，加强对安全生产的群众性监督，并通过职代会等形式保证农民工参与民主管理，切实保障农民工的话语权。

立足当前，建立和完善农民工技能培训体系。《中国农民工调研报告》显示，目前，我国农村劳动力中接受过短期职业培训的占20%，接受过初级职业技术培训或教育的占3.4%，接受过中等职业技术教育的占0.13%，而没有接受过技术培训的高达76.4%。由此可见，农民工由于文化素质较低，没有掌握一技之长，从一开始就缺乏与用人单位平等协商的条件和资本，往往只能选择对劳动技能要求不高的岗位从事简单劳动。因此，加大对农民工职业技能培训，不仅要提高农民工职业技能水平和科学文化素质，还要提升他们的思想政治水平和道德素养，正确引导他们爱岗敬业、诚实守信，使他们成为既熟练掌握职业技能，又具备良好职业道德的产业工人，提升他们在城市中的生存和发展能力。

最大限度地把广大农民工吸收到工会中来

深入到农民工中去，进一步加强对农民工的宣传教育，使农民工真正了解工会、认知工会，进一步增强农民工依法自觉建会、主动入会的内在动力；要不断创新组织形式，抓住农民工在输出地加入工会这个源头，进一步简化农民工入会、转会手续。以非公有制企业为重点单位，以建筑、采掘、商贸、餐饮等为重点行业，打破务工时间长短等一切限制农民工入会的条条框框，通过采取农民工集体登记入会、开设农民工入会窗口等有效形式，及时快捷地把农民工吸纳到工会中来。街道、社区工会组织要积极推进辖区内企业、楼宇、市场工会的组建，通过多种形式建会，吸纳农民工入会。更为重要的一个问题是，要重视总结推广组织农民工入会的典型经验和先进做法，用典型引领和推动工作。

叫响“农民工有困难找工会”的口号

叫响“农民工有困难找工会”的口号，并不是说工会要包揽所有的工作，由工会解决农民工所有的困难和问题，而是让有困难的农民工有反映问题和倾诉呼声的渠道，不能让遇到困难的农民工投诉无门。凡是农民工向工会反映和投诉的问题，工会要承担起知情人、帮助人、报告人、协调人、监督人的重要职责。对于工会能够办到的事，要尽心竭力去办；对于属于政府职能范围内解决的事，工会要及时向党委、政府及有关方面反映，并协助和督促有关部门认真解决；对于暂时无法解决的困难和问题，工会要耐心倾听农民工的诉求，做好说服解释工作。县以上地方工会应依托困难职工帮扶中心建立农民工维权工作服务中心，有条件的乡镇应建立农民工维权服务站，免费为农民工提供职业介绍、信访接待、法律咨询和法律援助。要把农民工纳入送温暖的重点对象，积极开展走访慰问活动，把因经济原因上不起学的农民工子女纳入金秋助学活动范围。

切实加强工会劳动安全卫生群众监督

在工作中，要认真贯彻落实“安全第一，预防为主”的方针，加强对劳动安全卫生法律法规的群众监督。要加强对农民工的职业安全和劳动保护教育，进一步增强农民工的自我保护意识和能力。进一步完善群众性劳动保护监督制度，建立健全群众性安全生产监督网络，督促企业按规定配备安全生产和职业病防护设施，发挥安全监督员的重要作用，特别是要做好农民工比较集中的矿山、建筑等高危行业的职业安全和劳动保护工作，尽力避免和减少重大职业危害和生产安全事故。积极推动政府和企业开展农民工生产生活环境标准化管理，不断改善农民工的生产和生活环境，搞好职业危害防治。协助有关部门做好生产安全检查工作，严格高危行业和特种作业持证上岗制度，督促用人单位加强对农民工特种设备操作技能的培训，杜绝无证上岗现象。切实做好女性农民工特殊权益保护工作，严厉查处雇用童工和侵犯女职工权益的各种违法犯罪行为。

切实加强对农民工的技能培训

切实解决好农民工问题，要靠全社会的共同关注和不懈努力，同时也要靠农民工自身素质的不断提高。因此，要正确引导和组织农民工自觉接受培训，接受职业技术教育，提高他们的科学技术文化水平和就业创业能力。教育引导农民工增强大局意识、责任意识和法律意识，正确处理国家利益、集体利益和个人利益之间的关系，学会依靠工会组织等合法渠道妥善解决问题，运用法律手段和法治思维化解矛盾纠纷，理性合法地表达利益诉求，自觉维护改革发展稳定大局。在农民工中，大力开展职业道德、家庭美德、个人品行和社会公德教育，正确引导他们爱岗敬业、诚实守信，遵守职业行为准则和社会公共道德。通过大力开展社会主义精神文明创建活动，正确引导农民工遵守城市公共秩序和管理规定，爱护公共环境，讲究文明礼貌，养成科学文明健康的生活方式和行为方式。

高度重视农民工的民主参与意识和精神文化需求

各级工会要积极向有关方面反映，推动在各级人大、政协中有一定比例的农民工代表和委员，以有效保障农民工参与社会事务管理。督促有关部门和用人单位在农民工入党、入团、评选劳模、职务晋升以及评定专业技术职称等方面，与城镇职工享有平等的权利。积极推进用人单位建立健全保障农民工民主权利的各项制度，在农民工较多的企事业单位职工（代表）大会、工会会员（代表）大会中要有农民工代表，保障农民工的选举权和被选举权、知情权、参与权和监督权，使他们更好地参与本单位的民主决策、民主管理和民主监督。依法保障农民工人身自由和人格尊严，严禁打骂、侮辱农民工的非法行为。进一步畅通农民工利益诉求渠道，积极反映农民工合理要求，健全农民工维权举报投诉制度，不断改善农民工的精神文化生活条件，工人文化宫、俱乐部等工会文化活动阵地要主动适应农民工的娱乐倾向、求知需求和消费水平，积极为他们创造良好的学习和娱乐环境。在农民工相对集中的企业和工地，要通过建立文化活动室、图书角，广泛开展送图书、送电影、送文艺节目等多种形式的活动，吸纳农民工积极参加社区组织的各种文体活动，进一步丰富农民工的业余文化生活，促进农民工与城市居民的交往，为农民工融入城市生活创造良好环境和有利条件。

建立农民工自己的组织——工会

目前，我们仅仅是注重运用政府的行政力量解决欠薪问题以及保护农民工的合法权益，但市场经济的特点之一是小政府大社会，对于一些问题政府管不了也管不好，不能一切都靠政府。保护农民工合法权益，更重要的是要依靠来自农民工自身组织的力量。

在我国，一些企业之所以肆无忌惮地压低并拖欠农民工工资，一些雇主之所以无视农民工的合法权益，一个很重要的原因就在于农民工缺乏利益诉求渠道。其中一个主要表现，就是很多企业特别是非公有制企业没有工会。即便是一些工会组建后，其巩固发展也困难重重。没有工会，农民工在和雇主的博弈中就会处于劣势地位，利益就会受损。其实，不仅仅是拖欠工资，诸如无故延长工作时间、工作环境恶化等，都需要工会出面谈判。

为了从整体上和根本上维护农民工的合法权益，必须在农民工中组建农民工工会或吸纳农民工积极参加现有的工会组织。

当前，我国产业工人主体结构进一步变化，这就要求在农民工中组建工会或将农民工吸纳进现有的工会组织。随着我国农业和农村经济结构的不断调整，以及工业化和城镇化速度的进一步加快，我国劳动力的就业结构发生了重大变化，农民工已经成为我国产业工人的主体。正是基于这一历史性变化，2003年9月中国工会十四大首次将农民工加入工会写入了大会报告。2004年初，党中央、国务院也明确指出，进城就业的农村劳动力已经成为我国产业工人的重要组成部分。面对日益庞大的农民工成为产业工人主体的客观事实，以及农民工在我国经济社会发展中的作用越来越明显，迫切要求我们在农民工中组建工会或将农民工吸收为工会会员，这是我国产业工人主体结构变化的必然结果。

事实证明，保护农民工合法权益迫切要求在农民工中组建工会或将农民工吸纳进现有的工会组织。农民工为我国的经济发展、社会繁荣作出了重大贡献，推动了我国社会主义现代化建设事业的快速发展，理应受到全社会的尊重和关怀，其合法权益理应得到有效保护。目前，他们的生存状况却不尽如人意，合法权益得不到基本的保障，处境相对比较艰难，在与雇主抗争时显得软弱无力。还有一些地方政府，为了片面追求一时的经济利益，往往容易忽视农民工的合法权益保障问题，对不法雇主侵犯农民工权益的行为往往处罚不力。因此，为了使农民工摆脱现实的困境，急需组建农民工工会或者将农民工吸收为现有工会的会员。通过工会组织，可以使农民工在与雇主处理劳资关系时形成抗衡的力量。

从法律的角度来看，在农民工中组建工会或将农民工吸纳进现有的工会组织是《宪法》和法律赋予的法定权利。我国《宪法》第三十三条明确规定，公民在法律面前一律平等。这一规定充分表明，凡是我国公民，无论其民族、性别、宗教信仰、职业、家庭出身、教育程度和财产状况如何，都享有《宪法》和法律所规定的权利和义务。城市工人有自己的工会组织，进城务工的农民工也应当有自己的工会组织，这是《宪法》赋予农民工的一项基本权利。此外，组织农民工工会或将农民工吸纳进现有的工会，也是《劳动法》赋予农民工的一项法定权利。《劳动法》第七条规定，劳动者有权依法参加和组织工会。组建农民工工会或将农民工吸纳进现有的工会，也是《工会法》所赋予的一项权利，《工会法》第三条规定，在中国境内的企事业单位、机关中，不分民族、性别、职业、宗教信仰、教育程度，脑力劳动者和体力劳动者都有依法参加工会的权利。农民工在城市劳动和谋生，作为体力劳动者，当然享有组织或参加工会的权利。

当前，一些地方正在进行进城务工人员加入工会的实践探索。在劳务输出地区，一种在源头上组建工会的方式正在推行。例如，河南省信阳市有200万人在外打工，信阳市总工会积极吸收他们入会，并设法与外地工会联系，在上海、广东等打工者集中地建立了50多个农民工工会联合会，接受当地总工会的领导。上海的工会大门正缓慢地向外来农民工敞开，近年来已接纳百万外来农民工进入工会。农民工成为上海工会会员后，可以通过法律援助和欠薪保障金等制度，在必要时可以得到来自工会的无私帮助和大力支持。

新生代农民工呈现出新特点

新生代农民工大多在20世纪80年代出生，刚走出校门就进入城市。他们重视文化生活，受教育程度较高，关注人性化管理，希望被社会和他人尊重并认可。他们中大多数渴望继续学习深造，六成多打算创业，追求较好的物质文化生活。广东省青少年工作领导小组于2007年1月24日发布了《广东省青少年发展报告》。该报告显示，20世纪80年代出生的进城务工者普遍受教育程度较高，从而形成了“第二代农民工”的新特点。与老一代农民工相比，他们更多的是为改变生活方式和寻求更好的发展机会而外出打工。调研结果显示，他们有较高的文化精神生活需求，渴望继续培训学习，非常重视技能培训；他们希望融入城市主流社会的愿望十分强烈，更希望被社会和他人尊重和认可。

学技术已经成为新生代农民工外出务工的一个重要原因，他们大多希望有一技之长以谋求更广阔的生存和发展空间。由于新生代农民工的受教育程度普遍较高，因此，他们对文化精神生活也有着非常强烈的需求，很多人认为看电视、看报纸都只是较低层次的精神文化需求，但由于收入较低，他们只能选择比较廉价的文化消费方式。新生代农民工在选择工作时，非常关注“对权利的尊重”，希望被他人尊重和被社会认可。新生代农民工对一些公司严格控制加班时间、进行人性化管理非常满意，认为这样会得到精神上的满足，工作的信心和动力就会更足、更大。

新生代农民工内心有着对城市的一种认同感和渴望融入城市生活的心理预期，他们希望参与城市的各种公共活动，实现自己的人生价值和理想抱负。

实事求是地说，新生代农民工在接受城市文化和生活方式的同时，也受到了一些不良风气和固有陋习的影响，出现了“娇子农民工”“月光族”等现象。新生代农民工大多是刚刚从学校毕业就直接进入城市打工，既没有吃苦耐劳的思想准备，也没有吃苦耐劳的能力和精神，过分追求较好的生活条件，勤俭节约的品格逐渐丧失。一些人一味崇尚享受，注重攀比，非理性的消费观念让收入较低的新生代农民工生活陷入困境。

当前，新生代农民工已经成为转变经济发展方式的活跃力量。他们越来越多地融入城市生活，他们往往把自己看成“准城市人”，在与城里人享有同等待遇方面有更强烈的要求，他们的权益诉求正在发生明显的变化：由以往进城挣钱、回乡发展向进城谋职、融入城市生活转变；由工资支付保障向要求参加社会保险转变；由改善住宿条件向要求提供公共服务转变。他们的追求开始向精神层面拓展：由单纯谋生向追求归宿感延伸；由忍耐坚持向追求权益平等延伸；由承担家庭经济责任向实现自我价值延伸。但新生代农民工发展中还有一些突出问题：技能偏低；稳定就业难；缺乏住房、难以落户，融入城市难；三低两多，即农民工水平低、小企业劳动合同签订率低，农民工参加社会保险率低，职业病和工伤事故较多，农民工劳动争议案件较多，维护权益难。这都需要在发展中加以解决，在改革中逐步消化。

因此，新生代农民工要实现体面劳动，融入城市有尊严地生活，维护其合法权益，现阶段要做到“十有”。一是进城有工作，千方百计引导农民工有序外出就业，鼓励就地就近转移就业，扶持农民工返乡创业。二是上岗有培训，制订新一轮农民工培训规划，实现培训就业一体化。三是劳动有合同，提高农民工劳动合同签订率，积极探索适合农民工特点的劳动管理办法。四是报酬有保障，采取经济、行政、法律等手段从根本上解决拖欠农民工工资的问题。五是参保有办法，完善社会保险制度，稳步提高农民工的参保率。六是住宿有改善，多渠道解决农民工住房问题，逐步提供街道（社区）基本公共服务。七是维权有渠道，建设农民工与用人单位的和谐劳动关系。八是生活有文化，丰富新生代农民工的文化精神生活。九是子女有教育，以强化输入地政府属地管理责任为重点，切实保障农民工子女的受教育权利。十是发展有目标，营造全社会尊重和关爱农民工的良好氛围。

文明富强的民族必定具备自身的梦想，有了梦想才有追求，有了追求才有力量，这就是中国梦的深刻涵义所在。我国在实现农民工市民化的征途上必定要克服前所未有的艰难险阻，才有可能达到中国梦光辉的顶点。

第十章　职工维权须理性合法

——不断提高职工维权意识

我们看到，近些年来，劳资纠纷问题始终是一个重要的维权话题。从本质上来看，维权其实是一个法律命题，必须要在法治的框架下进行。如何才能让『理性维权』不再成为公民享受不起的奢侈品？如何使弱势群体的维权不再成为非理性维权的牺牲品？要通过学法、知法、用法等方式提高理性维权能力。

据新闻媒体报道，从湖南到重庆打工的打工仔谭兵林，因为不满法院的判决，为了制造一时的轰动新闻和轰动效应，他竟然爬上了轻轨轨道，用DV拍摄围观的群众，并上传到互联网上。这一举动，的确引起了一时的轰动效应，当即引来数千群众围观，导致交通堵塞、附近公路交通瘫痪、轻轨停运两个小时的严重后果。重庆市南岸区人民检察院宣布，该男子为轻轨运营企业带来1万余元直接经济损失，涉嫌破坏生产经营罪而被提起公诉。

谭兵林1985年出生，湖南省祁东县蒋家桥镇农民，小学文化程度。他在重庆打工期间遇到了一起劳动纠纷，官司一审二审均败诉。谭兵林交代，他觉得自己遭遇到了司法不公，就“想干一件以前没人干过的大事”，试图引起社会公众以及新闻媒体的广泛关注，以便达到抗议司法不公的目的。

谭兵林为了制造轰动新闻蓄谋已久，DV、笔记本电脑、上网卡等工具都是他专门为此购买的。从策划到具体实施，他都精心设计。他在站台时就拿出上网本，登录QQ，再把QQ号里的十几个QQ群都登录了一遍，在每个群里发布消息，并称他准备以占领轻轨轨道的方式抗议司法不公，将照片截图发布到QQ群里。当他看见围观群众已有好几千人，而且轨道下面的主公路车辆都已经停止运行的时候，他觉得抗议的目的已经达到了。

谭兵林为了维权而作出的这一系列行为，不仅极不道德，而且是违法甚至犯罪的。谭兵林为此付出了沉重代价。因此，不管是谁，在任何情况下，在维护自己权利的时候，都必须理性合法，而不能一时冲动，作出违法犯罪的行为。

从本质上来看，维权是一个重要的法律命题，必须在法治的框架下进行

脱离了法治观念、法治精神与法律价值的维权，不是真正意义上的维权，而是不理性的，甚至是违法犯罪。就谭兵林与某公司的纠纷来说，虽然谭兵林一、二审都败诉，但并不意味着谭兵林寻求法律救济的途径就到此为止了。但是，让我们意想不到的是他居然选择了“卧轨抗议”这种过激的维权方式，其结果必然是触犯了刑法，理应受到国家法律的惩罚。在维权的时候，无论把声势搞得多大，制造得多轰动，最终所有的事情都要回到谈判桌上来。所以，维权必须理性，也必须合法，过激维权最幼稚也最没有任何效果。

劳动者非理性维权的一个典型案例就是：“企业存亡与我何干！”2008年，张某所在的公司已连续3个月发不出工资。张某与其他几名同事多次催促公司支付劳动报酬，但由于陷入经营困境，公司也十分无奈，希望他们再耐心等一等，并表示公司一定会如数支付。2008年年底，张某和其他6名同事走进法院，向公司追索总额达30余万元的劳动报酬。诉讼期间，公司表示：由于资金周转出现

困难，暂时无力支付全部劳动报酬，希望张某等体谅公司的难处，共渡难关。但张某等人始终态度坚决，并称：“讨要工资是我们的正当权利，公司倒不倒跟我们没关系！”最终，法院的调解未能成功，而由于内外的双重压力，该公司已经不堪重负，名存实亡。发生在我们身边的一系列案例充分说明，企业和劳动者都需要学法、懂法、守法、用法，劳动者维权必须要在法治的框架下进行，而不能超越了这一界限。

近些年来，劳资纠纷问题始终是一个非常重要的维权话题

几多辛酸，几多艰辛，浓缩了过去若干年来劳动者的坎坷维权之路，“讨薪”一度成为一个非常热门的词语和话题。每个对于“讨薪”的关注和报道，都会引出一系列既让人愤慨，又让人无奈的辛酸故事。但是，理性维权，每个公民都必须深刻地牢记，只有理性维权才能在维护自己权益的同时不危及他人的合法的权利和利益。我们看到，谭兵林之所以在一、二审败诉之后选择了过激的“卧轨抗议”，除了他法律意识和法制观念淡漠以外，恐怕还与“维权成本”过高和自身绝望有关。如果说，谭兵林能够看到获得社会公平正义的希望，或者是能够获得有关方面耐心的解释和社会各界足够的尊重，我们应该相信，他不会冒着生命的危险去“卧轨抗议”。在现实生活中，可能没有几个人有自残自虐或卧轨的爱好。但凡有过

激维权行为的，一定是认为自己有冤屈而且希望得到尽快解决，期望能够获得公平公正的对待。谭兵林因为“卧轨抗议”而被检察机关提起了公诉，但如果不能从根本上畅通维权的路径，像谭兵林“卧轨抗议”这类非理性或暴力的自我救济还会不断地在我们身边发生。

当前形势下，在激增的劳动争议案件中，一些劳动者索要各种报酬的理由并不符合情理。例如，李菲是一家效益不错的企业的职工。从2008年4月起，她因公司工作强度大、制度相对严格，没有去公司上班。公司按照管理制度的规定，向李菲送达了退工通知书，同时将解除劳动合同的经济补偿金一并支付给她。李菲虽然拿到了补偿款，但觉得对她的补偿太少，于是以“带薪休假应支付工资报酬”为由，认为公司还应支付她80天的带薪年休假的工资报酬，将公司告上法庭。办案法官说，根据法律规定，《企业职工带薪年休假实施办法》是在2008年9月公布实施的，而李菲与公司解除劳动合同是在2008年5月，根据法律不溯及既往的原则，李菲无权享受这笔特殊报酬。

让“理性维权”不再成为公民享受不起的奢侈品，使弱势群体的维权不再成为非理性维权的牺牲品

我们说，有效化解“非理性”的过激维权行为，关键是要淡化广大老百姓“小闹小解决，大闹大解决，不闹

不解决"的思想意识，切实尊重和维护群众合理合法的诉求。司法首先要回应社会中发生的各种问题，不断地满足经济社会发展的需要，切实解决老百姓最关心、最直接、最现实的利益问题，公民维权的成本也必须降低。

作为国家司法机关的法官来说，不能简单地坐堂问案，也不能机械司法。法官在乡土社会的中国，还应当在《宪法》和法律的框架之下，不拘泥于形式，真正做到司法为民，把人民群众是否满意作为判断审判效果的一个重要标准。以社会主义法治建设为中心，建立健全科学有效的矛盾纠纷化解机制是治本之策。

不容忽视的一个问题是，还要进一步加强和改善对弱势群体的法律援助和司法救助工作。让法律援助及时介入，正确引导职工合法理性维权。比如，位于浙江省宁波市镇海区蛟川街道的宁波联胜服饰有限公司因经营不善，自2012年初开始拖欠职工工资，至2012年7月底，累计拖欠百余名工人工资63万余元。同时公司被多家债权人单位起诉，工人们看到几乎每天都有债权人到公司来讨债，有些债权人还企图拿走公司的设备来抵债，想到自己被拖欠的工资不知何时能拿到手里，职工每天都提心吊胆过日子。2012年7月31日，公司法定代表人陈某失去联络，下落不明。在工人茫然惶恐的时候，镇海区法律援助中心及时介入，开通绿色通道及时为职工提供法律援助，于2012年8月1日向区劳动争议仲裁院申请劳动仲裁，向法院申请财产保全，查封冻结公司资产、账户。面对公司法定代表人逃逸，公司资产所剩无几，公司严重资不抵债的现状，职工非常理性地表示只要求公司尽快支付拖欠的工资，放弃补缴社保、经济补偿金等其他仲裁请求，区法律援助中心与多部门联动，在区劳动仲裁院、区法院、蛟川街道等多家单位共同努力下，只用了一周左右的时间，拖欠60余万元工资就发到了职工的手里，职工对此感到非常满意。

相反，区内另一家企业的职工在同样面对企业破产倒闭的状况时，却采取非理性维权方式表达诉求。工厂的诉讼代表召集该厂百余名职工多次围堵区政府机关，越级信访，拦截车辆阻塞道路交通，未经同意对区法律援助中心、劳动仲裁院等单位工作人员的解答用手机偷偷录音。无视法律援助律师和仲裁员的耐心解释，坚持超出法律规定的仲裁请求。以致案件拖了几个月都没能得到有效解决，最终职工还是走法定程序得到了被拖欠的工资及法律规定范围内的补偿金。

所以，在自身合法权益受到损害的时候，应该依法提出合理诉求，并采用合法理性方式维权，切忌采用粗暴手段以过激的方式维权，这不仅不能维护自身的合法权益，而且会扰乱公共秩序或者危及他人的合法利益，并有可能陷自身于违法犯罪的不利地位。因此，要积极引导广大职工理性维权、合法维权、科学维权，为农民工、困难职工及弱势群体维护自身合法权益提供有力支持与切实保障。

切实提高理性维权能力的根本方法

职工提高理性维权的能力和水平，是职工自身素质进一步提高的内在要求，也是构建社会主义和谐社会的一个重要而基本的组成要素。在认真总结分析和梳理审判实践中的各种情形后，我们可以将非理性维权现象增多的原因归结为以下四个方面：即劳动者缺乏与企业共渡度难关的意识；部分劳动者对《劳动法》的理解存在一定偏差；企业方面必然存在一定的管理疏漏；律师风险代理不利于纠纷解决。那么，如何才能减少非理性维权呢？我们认为应该从以下几个方面着手：

首先，要认真学法用法。企业和劳动者都需要学法、懂法、合理用法。要着力加强对法律法规的学习和实际运用，用法律保护自己，以法律规范自己的言行。企业要依法管理，杜绝钻法律漏洞、侵犯劳动者权益等违法现象。劳动者也需要对诉讼风险、加班加点时间计算、能否适用经济补偿等概念形成正确的认识，合理维护自身合法权益。

2012年12月4日下午，广东省汕头市潮南区陈店镇发生一宗致14人死亡、1人重伤的恶性纵火案，犯罪嫌疑人刘双云于当晚在普宁市梅林镇被公安机关抓获归案。12月11日，汕头市公安局潮南分局以刘双云涉嫌放火罪提请潮南区检察院审查批准逮捕，潮南区检察院当日依法作出批准逮捕决定。刘双云是陈店镇新溪西村陈某所开的文胸加工厂的员工。2012年11月下旬，厂方发现刘双云上报的加工件数与车间核对数不符，怀疑其虚报加工件数赚取工钱，拒付其11月的工资。刘双云与工厂老板陈某多次交涉未果，因此产生报复念头。12月4日下午3时30分左右，刘双云携带汽油、打火机等作案工具进入工厂，分别在工厂大门口及一楼堆放海绵和布料处泼洒汽油，然后用打火机点燃几捆布料后逃离现场。大火迅速由一楼蔓延至楼上，过火面积约200平方米，共造成厂内15名工人被困，其中14人被送往医院抢救无效死亡，1人重伤。汕头市、潮南区两级检察院第一时间派出检察干警赶赴现场，依法介入案件侦查，及时提出侦查建议，引导公安机关调取、固定、完善相关证据，协助案件尽快办理。12月11日，潮南区公安分局以刘双云涉嫌放火罪移送潮南区检察院审查批准逮捕，该院侦监部门认真审查案件事实和证据，依法讯问犯罪嫌疑人，并于当天以放火罪对刘双云依法作出批捕决定。

这起案件告诉我们，在全面推进依法治国、建设社会主义法治国家的今天，企业和劳动者不仅要学法、懂法、知法，而且要正确运用法律精神和法治理念。当劳动者在发现自己的合法权利受到侵犯的时候，必须学会运用法律的途径去有效解决，而千万不能义气行事，从而酿成大祸，给他人，给社会也给自己带来灾难性的后果。

其次，要加以区别对待。法院可以对企业恶意欠薪与经营困难导致欠薪的情况区别对待。一方面，如果企业确实因为目前的经济形势无法按时发放劳动者的工资，法院应当起好桥梁和纽带作用，帮助企业稳定劳动者的情绪，安抚劳动者的心理。另一方面，也可以允许企业对欠款分期支付，以缓解当时的经济压力。在现实生活中，许多职工因为顾及自身的利益而进行非理性维权，更使企业经营雪上加霜。从某种意义上来说，企业现在也是弱者，也需要得到保护，只有企业得以正常经营，职工的权益才能真正得以维护。

再次，要善于依法维权。牢固树立依法维权的意识，在合法权益受到不法侵害时，能依据国家有关法律法规和政策的规定，从容应对，依法办事，依法维权。在依法维权中，要善于运用维权艺术，努力提高维权能力和水平，为了避免让劳动纠纷过多地牵涉精力，减少不必要的经济损失，应当按照劳动争议处理的基本原则，尽量做到能通过调解解决的，不仲裁解决；能仲裁解决的，不诉讼解决，从而努力提高维权效率，降低维权成本。

最后，要诚信明理处事。现实生活中，有的劳动纠纷是由一些客观条件和历史原因造成的，在这种情况下，职工要讲诚信，明事理，力求做到大事讲原则，小事讲风格，在维权中要实事求是，感情不能冲动，行为不能放纵，提出妥善合理的解决劳动纠纷的方式方法，从而达到维护自身合法权益的目的。

“我要求被告赔我50万元精神损失费。”在一起劳动争议纠纷中，原告黄强开出了这样的“天价”。黄强原本是一家公司的业务员，因为在收到客户钱款后未将70000余元归还公司，被公司解除劳动合同。当时，公司还向他送达了《终止或解除劳动关系通知单》。3个月后，黄强申请劳动仲裁，因超过申诉时效，仲裁部门不予受理。于是他又诉至法院，要求“补付工资、支付加班费、社会保险费等共计11000余元，另外，再支付精神损失费50万元”。当法官庭后与其交流时，他表示：“这么大的企业，50万元算什么，《劳动合同法》不是保护我们劳动者的利益吗？这点要求都满足不了？”最终，由于黄强的仲裁申请超过时效期限，法院驳回了他的全部诉讼请求。

由此可见，劳动者在维权的时候必须要明理处事，而不可一时冲动。

不断提高理性维权能力的基本途径

职工理性维权能力的提高，从大的方面来讲，有利于推动经济社会健康持续发展，从而保持社会大局和谐稳定。从小的方面来讲，有利于构建企业和谐稳定的劳动关系，保证企业正常的生产生活秩序。从职工自身方面来讲，有利于职工合法权益得到有效维护和保障，使问题及时得到妥善解决。

其一，必须要努力提升学习力。职工维权能力的提高，主要源自于职工对外界养分的汲取和把握，依靠的是对维权途径和方式方法的正确运用。因此，要努力提升学习力。按照建设知识型职工的要求，提升自身的知识含量，特别是在依法治国、建设社会主义法治国家和建立现代企业制度的过程中，要严格按照社会主义市场经济发展的内在要求，不断加强对社会主义市场经济新知识的理解和把握，力求认清社会主义市场经济发展的形势要求，切实把握社会主义市场经济的价值规律。

其二，必须依靠工会的积极力量。职工在争取合法权益的过程中，其个体维权的能力总是非常有限的，所以要学会借助其他一切可以发挥和借助的力量，特别是要依靠自己的组织——工会的力量，来使自身的合法权益得到有效保护。

其三，必须为提高职工理性维权的能力创造有利条件。提高职工理性维权能力，客观条件必不可少，这包括制定的制度和措施要向弱势群体倾斜。目前，从整体上来说，劳动力供大于求，职工有时处于弱者的地位。为此，在考虑企业各项发展问题的同时，还应该多考虑职工的承受能力，要把企业改革的力度、发展的速度同职工承受度有机结合起来，正确而合理地引导职工对待由于改革发展而带来的利益调整，正确协调处理好各种利益关系。同时，要切实保证职工维权渠道的畅通，比如，信访渠道、劳动争议调解渠道以及法律援助渠道等渠道要畅通，从而使职工维权得到有效保护。要清除那些阻碍职工理性维权的障碍和屏障，进一步降低维权成本。职工在维权过程中相关部门应当提供相应的经济和法律保障。比如，当职工在理性维权过程中遭到不平等对待和不合理处置时，相关部门除了要给予精神上的大力支持和法律援助以外，还应该建立一定的物质保障机制，力所能及地提供适当的经济保障和法律支持，以有效缓解职工精神和物质的现实压力。

参考文献

1.张硕.当代中国劳动制度变化与工会功能的转变[M].保定：河北大学出版社，2004.

2.劳动午报社.职工维权实用手册[M].徐州：中国矿业大学出版社，2005.

3.谷常生.工会宣传教育工作概论[M].北京：中国工人出版社，2006.

4.范志伟.企业员工维权速查[M].北京：法律出版社，2007.

5.张琦.下岗失业职工维权速查手册[M].北京：中国工人出版，2008.

6.戴文宪.新编企业工会工作手册[M].北京：中国言实出版社，2011.

7.本书编写组.十八大报告辅导读本[M].北京：人民出版社，2012.

8.李国根.职工维权指南[M].南昌：江西人民出版社，2013.

质检
07